A Sorte Dá Muito Trabalho

A Sorte Dá Muito Trabalho

O FATOR SORTE E O FATOR TRABALHO
NA VIDA DE 23 LÍDERES PORTUGUESES

2011

A SORTE DÁ MUITO TRABALHO
O FATOR SORTE E O FATOR TRABALHO
NA VIDA DE 23 LÍDERES PORTUGUESES

EDITOR

EDIÇÕES ALMEDINA, S.A.
Rua Fernandes Tomás, n.ᵒˢ 76, 78 e 80
3000-167 Coimbra
Tel.: 239 851 904 · Fax: 239 851 901
www.almedina.net · editora@almedina.net

DESIGN DE CAPA

FBA.

PRÉ-IMPRESSÃO

Jorge Sêco

IMPRESSÃO E ACABAMENTO

Pentaedro, Lda.
Janeiro, 2012

DEPÓSITO LEGAL

338584/12

Toda a reprodução desta obra, por fotocópia ou outro qualquer processo, sem prévia autorização escrita do Editor, é ilícita e passível de procedimento judicial contra o infractor.

 | GRUPOALMEDINA

BIBLIOTECA NACIONAL DE PORTUGAL – CATALOGAÇÃO NA PUBLICAÇÃO

VASCO, Rute Sousa, e outro

A Sorte Dá Muito Trabalho: O fator sorte e o fator trabalho na vida de 23 líderes portugueses/Rute Sousa Vasco, Fernando Neves de Almeida

ISBN 978-972-40-4706-5

I – ALMEIDA, Fernando Neves de

CDU 929
     005

PREFÁCIO

O surrealista belga René Magritte pintou um dia um cachimbo, dando como título ao quadro «Isto não é um cachimbo! Isto não é um cachimbo! Isto não é um cachimbo!». E se se puser a imaginação a trabalhar, o cachimbo pode não ser efetivamente um cachimbo.

Ora parafraseando Magritte, bem podemos proclamar que «Isto não é um livro de gestão! Isto não é um livro de gestão! Isto não é um livro de gestão!». Quer dizer que o enganaram quando comprou o livro? Não, de todo. Mas o que pode ler nestas páginas é muitíssimo mais que um livro de gestão.

Em primeiro lugar, conta histórias de vida – de gestores, é certo, mas que antes de serem gestores são pessoas. E que antes de chegarem ao topo tiveram de lutar para o atingir. E que antes de o atingir tiveram de dar provas que mereciam chegar onde estão hoje. E que a chegada ao cume da montanha não aconteceu por acaso, mas após um percurso de estudo, de aprendizagem dura e persistente, de trocar o prazer pelo trabalho. E que depois de lá chegarem, tem de continuar a dar provas que merecem estar onde estão.

Em segundo lugar, são histórias que se leem com grande prazer e rapidamente porque estão escritas como se fossem pequenos romances. Há gente que não nasceu em berço de ouro e conseguiu fintar o destino. Há gente que começou por apontar numa direção e acabou gestor. Há gente que é excelente no que faz mas gostava mesmo de fazer outra coisa. E há gente que definiu – e disse-o publicamente – onde queria chegar dez anos antes disso acontecer.

Em terceiro lugar, estas histórias leem-se muito facilmente e com grande prazer porque Rute Sousa Vasco é uma excelente e prestigiada jornalista, que sabe perfeitamente como se transforma um assunto que pode ser pesado e maçudo em algo interessante e que prende o leitor do princípio ao fim. Este livro é um excelente exemplo disso.

Em quarto lugar, não é despiciendo para atrair os leitores a qualidade e a relevância dos gestores escolhidos, a maior parte conhecidos do grande público

– e aqueles que não são tão conhecidos, estão à frente de empresas que tem basto reconhecimento público.

Em quinto lugar, descobre-se por este livro que os caminhos para a liderança são vários e nenhum deles é exclusivo de outros. Depende das organizações serem nacionais ou internacionais. Depende dos ramos de atividade. E depende do tipo de liderança que melhor se adequa a cada empresa.

Esse, aliás, é um dos melhores ensinamentos deste livro. Mesmo quando se procede exatamente como se fez antes noutra organização (ou quando se lança um novo produto seguindo todos os processos que tiveram sucesso anteriormente) isso não é garantia absoluta de sucesso.

O que garante o sucesso é o estudo, é a competência, é a perseverança, é a capacidade de motivar equipas porque o fraco rei faz fraca a forte gente e o forte rei faz forte a fraca gente.

A depuração, síntese e análise de tudo o que é dito pelos 23 entrevistados está resumido exemplarmente por Fernando Neves de Almeida na segunda parte do livro. Para os que querem percorrer o caminho das pedras que leva ao sucesso é fundamental ler e meditar sobre esses ensinamentos.

É claro que, mesmo aplicando todas as regras que aí estão, se houver algum acontecimento fortuito, um acaso improvável, uma empatia decisiva, tudo pode acontecer melhor e mais rapidamente. Mas como diz Rute Sousa Vasco, a sorte dá muito trabalho. Como se prova exemplarmente por este livro.

NICOLAU SANTOS

INTRODUÇÃO

Sorte – Fado, destino, fortuna.

In *Dicionário de Língua Portuguesa*, da Porto Editora

Luck – Success or failure apparently brought by chance rather than through one's own actions; chance considered as a force that causes good or bad things to happen; something regarded as bringing about or portending good or bad things.

Oxford Dictionaries

Em português, a palavra sorte é definida, em primeiro lugar, como fado e destino. Em inglês, sorte é a possibilidade de se darem acontecimentos felizes ou adversos. Em ambos os idiomas se seguem outras aceções, destacando-se o sinónimo «fortuna», o que ajuda, porventura, a compreender como a sorte e o sucesso ou a prosperidade são, para muitos, realidades vizinhas.

As palavras espelham a cultura dos povos e a forma como se encara o «fator sorte» não é exceção.

Em Portugal, é senso comum encarar a vida com uma certa dose de fatalismo. Para muitas pessoas, tudo o que de bom ou mau lhes acontece já estava predestinado (e quando é bom é porque se tem a sorte de ter um bom «predestino»). A vida, para quem assim a vê, depende essencialmente da sorte ou do azar.

Daqui decorre que seja igualmente frequente atribuir o sucesso de outros à sua «estrelinha» da sorte. Esta apreciação funciona, em regra, apenas num só sentido – é sempre mais difícil encontrar quem atribua os desaires dos outros ao seu azar. Quando as coisas correm mal, o sentido crítico e racional é muito mais prontamente ativado e em não poucas vezes o veredito é imediato: o insucesso resulta de falta de competência. É ainda curioso notar que neste binómio sorte/azar, o discurso muda radicalmente quando cada um justifica os seus próprios sucessos e fracassos: quando corre bem, isso fica a dever-se à competência e quando corre mal, é o azar o grande culpado.

Mercê da nossa profissão, os dois autores deste livro – uma jornalista especializada em economia e gestão e um *head hunter* – conhecemos, ao longo dos anos, inúmeras pessoas de sucesso. Paralelamente, os avanços na economia comportamental, na psicologia e mesmo na filosofia, têm aberto novos caminhos na compreensão do sucesso e do fracasso, caminhos esses que quisemos explorar tendo por base uma amostra da realidade portuguesa. Ficámos curiosos em saber se algumas das pessoas bem-sucedidas, nomeadamente na vida empresarial que melhor conhecemos, fazem parte dos «sortudos» da vida ou se, pelo contrário, existe algo que os diferencia.

Esta nossa curiosidade intelectual levou-nos a iniciar um caminho de descoberta, entrevistando um conjunto de líderes de empresas bem-sucedidas. CEO, administradores-delegados, diretores-gerais, todos eles ocupam o topo da hierarquia. São o número 1. Fomos conhecer os seus percursos, influências, êxitos e fracassos, procurando identificar nas suas histórias fatores comuns que explicassem a sua ascensão na carreira e a conquista de um lugar de liderança. Deparámos com um conjunto de experiências de vida e de percursos profissionais que, acreditamos, à margem do nosso propósito principal, merecem ser conhecidos por todos.

São histórias a registar, não só pelo que representam para as empresas que estas pessoas dirigem, mas também pela inspiração que podem proporcionar aos recém-chegados ao mercado de trabalho que procuram pistas que os auxiliem a compreender a melhor forma de canalizar a sua energia para crescerem profissionalmente.

Este livro trata, assim, da história de pessoas que se realizaram chegando ao topo das organizações onde trabalham. Estas pessoas foram felizes nas suas escolhas, mesmo quando escolheram menos bem. Mas o seu retrato aproxima-nos inequivocamente mais da aceção inglesa de «sorte», como possibilidade de ocorrência de eventos felizes ou adversos, cabendo a cada um de nós realizar escolhas em função da nossa história.

É importante frisar que não consideramos a chegada a número 1 como a única e nem sequer a mais importante forma de realização pessoal de quem trabalha numa organização. A generalidade dos nossos entrevistados foi feliz nas várias etapas do seu percurso – procuraram o melhor em cada momento. Alguns nem sequer estavam à espera de vir a ser escolhidos para número 1. Não defendemos, de forma alguma, que o expoente máximo da felicidade seja ser o líder de uma organização. No entanto, para aquelas pessoas que têm a ambição de marcar a diferença pela positiva na sua atividade profissional – e para quem a felicidade está também relacionada com a necessidade de realização e com encontrar sentido naquilo em que ocupa a maior fatia do dia (no trabalho) – muitos dos percursos aqui retratados dão pistas claras sobre o que fazer para o conseguir.

A partir das entrevistas a estes líderes, procurámos «destilar» alguns fatores comuns que permitissem definir princípios gerais/competências/atitudes passíveis de serem incorporados no comportamento de todos os que ambicionam realizar-se profissionalmente e – porque não? – chegar ao topo.

Esperamos contribuir para que os leitores tenham mais sorte na vida, mas percebendo que, para o conseguir, têm mesmo de trabalhar muito.

Finalmente é importante referir que, por certo, muitas outras histórias igualmente interessantes ficaram por contar. A escolha destas pessoas não significa que sejam consideradas melhores ou mais competentes do que alguns dos nomes ausentes. São todas elas, inequivocamente, histórias de carreiras interessantes e, de alguma forma, representativas de muitas outras que ficam para contar. Todos os entrevistados respeitam, todavia, dois critérios que nos autoimpusemos: que não tenham herdado a liderança e que o lugar de topo tenha sido consequência de uma promoção interna. O motivo desta escolha prende-se com o facto de o processo de seleção ser normalmente mais completo e envolvente do que quando a pessoa é recrutada do exterior. Os momentos de seleção de um candidato externo assentam num conjunto de entrevistas e numa análise do passado profissional, em que a qualidade da «prestação» e a empatia criada nessas entrevistas é decisiva. Quando a promoção é interna, a pessoa é avaliada continuamente durante um período de tempo e comparada com outras pessoas que também estão sob essa avaliação.

Esperamos que goste tanto de ler estas histórias quanto nós gostámos de as ouvir e que os princípios e circunstâncias comuns aos visados lhe sirvam de inspiração para melhor percorrer o seu caminho.

I PARTE

Ana Paula Moutela
Diretora-Geral da Zara

«Há coisas que não se conseguem fazer sendo um gestor normal».

«Nasci em março de 1959, tenho um filho de 25 anos e sou divorciada. Sou natural de Lisboa, filha de pai militar e mãe doméstica; fiquei órfã de pai com 5 anos. Sou, atualmente, responsável em Portugal por 270 pontos de venda, 5000 trabalhadores e um volume de faturação na ordem dos 600 milhões de euros. Em acumulação de funções, na área Internacional do Grupo, tutelo a operação da Inditex na Grécia». A diretora-geral da Zara Portugal apresenta-se.

Escolher não é apenas decidir um caminho. Escolher é também deixar de fora todos os outros caminhos e todas as promessas de realização que possam encerrar. E esta foi uma ideia com que Ana Paula Moutela conviveu mal no início da idade adulta, quando a escola a obrigava a «ser grande» e a escolher uma área de especialização. «Nessa altura, gostava de ser muitas coisas. Sempre tive muito medo das monotonias e escolher um curso foi um bocado estranho».

Pela cabeça passaram-lhe vários cenários e em todos se via em papéis decisivos. Pensou em medicina, mas só se fosse para tratar de doentes terminais. Concebeu a ideia de ser educadora infantil, mas para tratar de crianças com deficiências. Agradava-lhe a ideia de fazer a diferença, sobretudo em situações de clara desvantagem para quem as vive. «Fui epilética em criança e sempre fui acompanhada por um psiquiatra. Foi marcante na minha vida, porque me habituei a uma certa persistência e a ter a mania de que, apesar disso, tinha de ser igual às outras pessoas», relata. Nesta etapa de múltiplas escolhas, o que tinha por certo era que «jamais trabalharia com números».

Realidade dos factos? Desaconselhada pelos médicos a seguir qualquer uma das áreas da sua eleição, à Ana Paula aluna do Liceu Feminino Maria Amália, sucedeu a Ana Paula, estudante de gestão. «Acabou por ser interessante, porque eu sempre busquei as pessoas: fiz voluntariado, fiz o serviço cívico no Hospital da Estefânia», comenta hoje. O seu percurso mostra como é possível encontrar o nosso caminho mesmo seguindo mapas que não eram nossos à partida.

A faculdade estava longe de ser um assunto resolvido para Ana Paula Moutela. No exame de admissão, chumba com 9 a Português, num ano controverso do pós-25 de abril. Para não perder tempo e dado que tinha de prestar serviço cívico durante um ano antes de fazer novo exame de admissão, resolve frequentar aulas de preparação em Económicas, para que, posteriormente, lhe fosse mais fácil adaptar-se ao Instituto Superior de Economia e Gestão. Órfã de pai desde a primeira infância, Ana Paula recebe de uma mãe determinada um não rotundo à sua decisão e uma guia de marcha para os Pupilos do Exército, para frequentar o curso de Contabilidade e Administração. Era o início de quatro anos à «cacetada» com a contabilidade que mais tarde lhe daria equivalência para o curso de Gestão.

O primeiro emprego acontece como mais uma casualidade, um caminho ao contrário, um desvio aleatório, como se queira interpretar. O lugar era de escriturária de contabilidade e a seleção passava por uma entrevista com o procurador da empresa: um senhor que trabalhava num «aquário», com uma janelinha de cada lado, cada uma com vista, respetivamente, para as secções de Expediente e de Finanças, e por onde ele passava os documentos. Quando Ana Paula se sentou no gabinete para a sua entrevista, a janela que dava para a secção de Finanças estava aberta. A conversa correu bem, foi admitida, mas, mais uma vez, o futuro não ia ser o que parecia. «Quando cheguei no primeiro dia para ir para a Contabilidade, disseram-me que afinal ia para Finanças», relembra. Só mais tarde soube porquê: o diretor financeiro tinha assistido, janela aberta, à sua entrevista e gostou do que ouviu.

O seu primeiro salário foram 14 contos (aproximadamente 70 euros), em 1981. Não ficaria mais do que o estritamente necessário neste primeiro emprego. É com alguma ironia e sentido de humor que recorda as etapas que se sucederam. «Eu tinha dedo para escolher os sítios», atira. O segundo emprego: uma empresa de navegação, «numa altura em que essas empresas estavam todas a falir». Acabou por ser pior que isso: cinco anos ao serviço da empresa terminaram com um processo que apresentou em tribunal, para poder despedir-se com justa causa. «Fizeram irregularidades enquanto eu estive em casa, em licença de parto. Quando voltei, tentei perceber qual era o nível do "buraco". Foi complicado. Cheguei até a ser objeto de chantagem e ameaçada para 'resolver' o problema...». Veio-se embora, sem emprego.

Seguiram-se mais anúncios de jornal e seguiu-se uma empresa têxtil espanhola. «No dia em que comecei a trabalhar, percebi que tinham encostado à parede a pessoa que eu ia substituir e que estava agora às minhas ordens. Uma receção complicada...». O tal "jeito especial", volta a referir. Consegue estabelecer uma relação cordial, mas fica apenas durante ano e meio, a fazer currículo, admite. «Passados seis meses, já me queria ir embora, mas podia parecer que tinha sido despedida e dava jeito ter uma empresa internacional no currículo».

A Zara acontece na sua vida quando, de novo, procurava emprego. «Sempre odiei a mentira e despedi-me cerca de quatro meses antes do fim do contrato para poder procurar trabalho livremente, sem ter de estar a inventar desculpas», relata. A seleção para a Zara foi realizada pela Arthur Andersen, firma que auditava a sua empresa anterior. «Foram perguntar à equipa que tinha trabalhado comigo durante dois anos que tal é que eu era. Disseram-lhes muito bem». É contactada em 1988, ano em que a Zara preparava o arranque em Portugal.

Não era a Zara que hoje conhecemos. Sem estrutura montada, a multinacional espanhola precisava de um verdadeiro *handyman*... ou *woman*. E tinha de ser português, que dominasse vários temas, todos muito operacionais. «Para mim era ideal. Uma coisa assim, que não se sabe muito bem o que é, dá a perspetiva de que podemos fazer o que quisermos, dentro de determinadas normas», explica Ana Paula Moutela. Estava a responder a uma média de 10 a 12 anúncios por semana e tinha preferência por trabalhar em empresas pequenas, pela visão global do negócio. Não podia imaginar que ia acabar numa empresa com a dimensão do grupo Inditex.

Na Zara fez de tudo. Registou a marca em Portugal, fez contratos de obra para as lojas, validou suportes administrativos. «Acho que todo o percurso profissional anterior à Zara me preparou para estas funções. Na Zara, tinha de perceber algo de construção civil, para contratar obras, fazer orçamentos, o que me era familiar, porque já tinha trabalhado numa empresa de construção...». Tinha 29 anos.

Organizacionalmente, a sua função não tinha nome. Tomava decisões, supervisionava todas as áreas, representava a empresa – mas não havia formalismo nenhum. Confessa que, durante algum tempo, nem pensou nisso. «Só percebi que tinha hipótese de ser mais alguma coisa, no momento em que me disseram que podia contratar um diretor financeiro e um de recursos humanos». O que só acontece cinco anos depois de chegar à Zara. Até lá, tinha uma telefonista, uma pessoa na contabilidade e mais outro colaborador. Nesse mesmo período, foi responsável pela abertura de cinco lojas. «As pessoas assumiam que eu era a chefe, mas não tinha um cargo específico. Acabava por ser a procuradora, mas não tinha cargo». Respondia a um gestor em Espanha que vinha a Portugal às vezes.

Não foi tudo fácil, apesar de a Zara ter sido um sucesso desde a primeira loja inaugurada no Porto, em Santa Catarina, que se manteve uma das lojas-âncoras do grupo no mundo. Em Lisboa, cuja primeira loja deveria ter sido inaugurada em simultâneo, a marca teve um percalço. A localização escolhida fora na zona dos

Armazéns Grandela, e o negócio já estava concluído quando aconteceu o incêndio no Chiado. Um adiamento que obrigou a decisões rápidas e a uma organização serena e meticulosa, à qual Ana Paula Moutela soube responder. Uma resposta que obrigou a muitos dias de 12 a 14 horas de trabalho, entendidas como o suplemento de alma a que os momentos mais exigentes obrigam, mas não como uma rotina *workaholic*. «Hoje sou uma pessoa muito mais flexível comigo e obrigo a minha equipa a sê-lo também. Cheguei a ficar doente, cerca de quatro anos depois de entrar. Espanha apoiou-me bastante e encontrou quem me ajudasse, porque a carga era demasiada. Cometi muitos excessos e procuro não deixar que ninguém da minha equipa os cometa também».

O dia em que foi formalmente informada de que era diretora-geral da Zara em Portugal nunca aconteceu. «Fui eu que fiz o meu próprio contrato de trabalho e, por uma questão de cortesia, considerei que não deveria estar lá nem o cargo nem o ordenado». O que significa que apenas percebeu que era ela a número um bem mais tarde. Aventa como hipótese que tenha sido «a partir do momento em que, em alguma carta, puseram "diretora de Portugal"». E só aí começou a usar o título.

À frente da Zara Portugal, foi responsável pelo lançamento, expansão e maturidade do grupo hoje multimarca. Em 1990, o grupo faturava cerca de 11 milhões de euros, valor que subia para os 60 milhões de euros em 1993. Dezoito anos depois, tinha 246 lojas, quase cinco mil trabalhadores e uma faturação de cerca de 600 milhões de euros, tendo-se tornado o maior retalhista não alimentar. Deste valor, perto de metade é da responsabilidade da Zara que se mantém como o principal motor de vendas, mas Pull & Bear, Bershka, Stradivarius, Oysho e Zara Home têm também uma fatia significativa no mercado.

Em 2008, Ana Paula Moutela dá um novo salto na carreira, ao assumir funções internacionais. A sua experiência e *know-how* foram úteis noutros mercados, como a Grécia. Conquistou, no grupo liderado pelo galego Amancio Ortega, a reputação de uma gestora de alto nível.

20 anos ao serviço da mesma empresa é muito tempo. Sobretudo quando se tem sucesso, sobretudo com a volatilidade que invadiu o mundo dos negócios. A diretora-geral da Zara diz que nunca teve vontade de sair. «Esta empresa é muito minha, há um sentimento de posse enorme». É mais do que um emprego, é um modo de vida, o que vale para os bons e para os maus momentos. «Hoje sou uma pessoa claramente orientada para números, acredito que as empresas existem para serem rentáveis». Quando a crise de 2008 ganhou forma, não hesitou em preparar as suas equipas para a «guerra». «Apesar de termos um orçamento aprovado, decidi que deveríamos ter uma série de regras que nos permitissem poupar ainda mais». Como é que exerce essa austeridade? Aumentou a massa salarial 6%, antecipando perdas de trabalhadores, de forma a garantir que os que ficavam estariam de pedra e cal. Depois, fez uma triagem: sem mensagens

de despedimentos, definiu como prioridade garantir que ficava com os «bons» e que os «normais» poderiam ir embora quando quisessem. Chegou ao fim do ano com menos vendas, mas com maior margem de contribuição à empresa em valor absoluto. «Isto faz-se com números, mas faz-se principalmente com a mensagem – tem de haver otimismo e persuasão. Há que inspirar as pessoas e levá-las a atingir um objetivo comum». É também por esse estado de espírito que se vê mais como uma líder. «Acho que há coisas que não se conseguem fazer sendo um gestor normal».

Depois de tudo isto... acredita na sorte, na estrelinha, no aleatório. E, sim, no trabalho. «Ter sorte dá muito trabalho mesmo, mas não esqueço uma lição que aprendi com uma pessoa que me ensinou muito e que me dizia: "Ana Paula, o comboio da sorte passa pelo menos uma vez na vida de todas as pessoas. Alguns conseguem apanhá-lo e outros não, mas, mesmo depois de apanhar o comboio, temos de aguentar-nos no estribo para não cair para a linha"».

Por isso tem como eternos livros de cabeceira *O Principezinho* e *Fernão Capelo Gaivota*. «No Principezinho percebi que o difícil era dar importância às coisas que nos parecem irrelevantes». Uma máxima que aplica, por exemplo, nas entrevistas: «quando me falam do currículo eu não estou nada preocupada; o que me interessa é a pessoa». Se tivesse de deixar uma lição de gestão, escreveria o poema de William Henley que guiou Nelson Mandela durante os anos de cativeiro, retratado no filme *Invictus*: sou dono e senhor de meu destino; sou o comandante de minha alma.

António Bico
CEO da Zurich

José Coelho
Chairman da Zurich

«*A sorte protege os audazes, mas protege mais quem arrisca com inteligência*».

A seguradora Zurich é uma fábrica de líderes. Os dois últimos CEO da empresa, António Bico e José Coelho, separados geracionalmente por mais de 20 anos, trilharam, em percursos distintos, um mesmo caminho: o de chegar a número 1 quando à partida nada o fazia prever.

Comecemos pelo princípio. Anos 50, Portugal do Estado Novo, aldeia em Trás-os-Montes. Foi aí que José Coelho, atual *chairman* da Zurich, cresceu, filho mais velho de uma família em que a tradição e a necessidade mandavam que cedo os mais velhos ajudassem no ganha-pão. E foi assim que, mal completou a 4.ª classe, José Coelho, o melhor aluno da escola da Aldeia do Peredo, fez o que tinha de ser feito: ajudar os pais na lida do campo.

A Fundação Gulbenkian levava já, à época, boas notícias aos lugares remotos de Portugal. E foi na sua biblioteca itinerante que José Coelho encontrou os livros com que continuava a aprender, nas pausas do trabalho na horta. Aos 14 anos, a sua vida e a dos seus sete irmãos mudou. A família Coelho emigrou para África, tendo como destino uma fazenda no interior de Angola, um destino que teimava em deixar o primogénito longe dos centros urbanos, das escolas e de um horizonte mais risonho de futuro profissional.

Com movimentos limitados na fazenda dos pais, José Coelho quis inscrever-se num curso de regentes agrícolas, mas recebeu do pai um afirmativo «não».

O plano seguinte foi juntar dinheiro... e partir para Luanda. Aos 16 anos, estava na estrada, à boleia, em direção à casa de uns tios que viviam na capital. Os tios, sem filhos, acolheram-no sem saber em que circunstâncias ali tinha chegado. Rapidamente tratou de se tornar autossuficiente. Arranjou emprego como aprendiz de serralheiro, ganhava 250 escudos ao mês e podia, de novo, procurar uma escola.

Aprendeu os fundamentos do negócio dentro de casa. O tio trabalhava na Companhia de Seguros Confiança e, ao fim de seis meses, arranjou-lhe emprego como paquete. Ganhava os mesmos 250 escudos que recebia na serralharia, mas começava a antever outras possibilidades. Todos os meses os 250 escudos tinham uma mesma e única finalidade: pagar a propina do colégio nesse exato valor.

Na seguradora ia fazendo de tudo um pouco e, como paquete, batia a todas as portas, conhecia todas as caras. Sabia, por exemplo, que o administrador, Fernando Nunes, era o primeiro a entrar e o último a sair, uma memória que ainda hoje retém. Foi a esse administrador que pediu aumento pela primeira e última vez na vida e, com alguma surpresa, viu o salário duplicado. Mais do que isso, foi-lhe aberta uma porta para fazer caminho dentro da empresa. Passou a 3.º escriturário e foi sendo promovido em sucessivas vagas na seguradora – aos 20 anos era o chefe de secção mais jovem da empresa.

O percurso é interrompido pela tropa. Decide alistar-se nos comandos, seduzido pela exigência de uma tropa de elite. O lema deste agrupamento ainda hoje lhe soa bem, mas construiu a sua própria adaptação: «a sorte protege os audazes, mas protege mais quem arrisca com inteligência».

Quando o 25 de abril aconteceu, estava, finalmente, no lugar que tanto ambicionara: no curso de Economia da Universidade de Angola. Na mesma altura, é convidado para assumir a chefia da direção técnica da sucursal da seguradora no Lobito. Aceita e aí tem a sua primeira experiência de autonomia, num ambiente de muito negócio. Com uma experiência de 10 anos, no setor e na empresa, estava preparado para começar a fazer o seu próprio caminho. Este ambiente de crescimento é liquidado pela turbulência política e social que assolava Angola e que o fez decidir abandonar o país. Casado, com dois filhos, não podia arriscar uma permanência que se afigurava cada vez mais difícil, em clima de guerra civil.

O destino que se segue é o Rio de Janeiro, onde o esperava uma nova realidade. Da independência no Lobito transita para um pequeno apartamento que partilha com mais quatro colegas. «Comia uma sandes ao meio-dia e arroz à noite. Nesse período emagreci 10 quilos, deixei de fumar e voltei a uma vida absolutamente espartana». No Brasil, tinha de arranjar emprego. Não conhecia ninguém e ninguém o conhecia. Fez uso do sentido prático: «o que é que eu sabia fazer?

Seguros! Peguei numa lista telefónica e fui à procura de companhias de seguros às quais pudesse oferecer o meu trabalho».

A Companhia Internacional de Seguros aceitou-o como assistente e aí ficou um ano. Surgiu depois um convite, com condições melhores, para uma corretora de seguros em São Paulo, a Real Bond. Vai. Ao mesmo tempo, volta a estudar, agora no curso de Administração e Marketing da Fundação Getúlio Vargas, em horário pós-laboral. As oportunidades aparecem. Integra a seguradora Sul-América, a segunda maior do Brasil, e fica responsável pela Gestão de Contas Industriais. É nessas funções que conhece, por contactos do negócio, o diretor-geral da Zurich, que o convida a integrar a equipa da seguradora no Brasil. Daqui ao convite para regressar a Portugal com a camisola da Zurich irá apenas um passo.

Desejava o regresso, mas as condições estavam longe de ser tentadoras. Vivia-se o ano de 1982, tinha 35 anos, uma família com quatro filhos e o lugar oferecido, de estagiário comercial, representava um ordenado de 17 500 escudos, 10% do que ganhava no Brasil. Mas era-lhe assegurado que, se desse provas de bom desempenho profissional, teria promoções asseguradas. Arriscou e não se arrependeu: seis meses depois, já era técnico comercial e foi progredindo escada acima, mesmo até lá acima. Em 1993, é nomeado administrador da empresa, depois de uma rampa de lançamento na direção comercial, de marketing e vendas durante dez anos.

«Tive o privilégio de trabalhar com chefias muito jovens e com muita vontade de reinventar o negócio e a empresa», conta. Na direção comercial, fora-lhe pedido um plano a cinco anos que fosse ambicioso. A Zurich tinha então uma quota de mercado de 1%. Menos de cinco anos depois, triplicava para 3%.

Fez as coisas da maneira que sabia – fora do gabinete, indo aos sítios onde estavam os clientes. Começou por três meses de imersão no terreno. «No primeiro dia em que fui para a rua, meti-me no carro e conduzi até Viseu. Durante uma semana, acompanhei um técnico comercial nas suas tarefas diárias. Repeti o mesmo em vários distritos, para perceber bem o que se fazia no terreno. Concluí que, no interior do país, havia dinheiro e as pessoas tinham uma ética séria. Pagavam certo e havia menos concorrência». É nessa etapa, até 1988, que põe à prova todo o conhecimento adquirido e a sua vocação comercial. A Zurich atinge em 1988 uma quota de 3,5%, mediante uma estratégia de forte descentralização, proximidade aos clientes locais e uma rede de agentes bem motivada e sintonizada com os objetivos da empresa.

Em 1989, o administrador a quem respondia sai e é indicado um novo responsável, muito focado na organização interna. «A minha influência diminuiu nessa etapa e a companhia também entrou numa fase de estagnação». É nesse período que pondera uma saída para outra empresa. Os convites surgem, mas uma conversa em bom tempo com o administrador anterior, Peter Eckert, com quem gizara o plano de expansão, persuade-o a ficar. É esse mesmo administrador que assume, em 1993, a Direção da Europa do Sul e é também ele que o indica para número um da Zurich Portugal, quando uma nova sucessão é desenhada na empresa. Aos 46 anos, chegava ao topo. «Senti-me no cume da montanha, sem ninguém à volta. Senti-me só», confessa. «Mas tinha uma confiança inabalável na equipa de colaboradores».

Voltou ao trabalho de que mais gostava: expandir o negócio. Delineou um novo plano estratégico e apontou uma meta de crescimento: duplicar a quota de mercado era o objetivo. A meta voltou a ser superada e a Zurich ultrapassou os 7% de quota de mercado, entrando no clube das cinco maiores seguradoras, apesar de algumas das concorrentes disporem de um forte apoio bancário. «A receita passou pelo aprofundamento da descentralização, perfeita cobertura do terreno, forte focalização no cliente (introduzindo conceitos inovadores de segmentação de mercado e de especialização em nichos de clientes), sempre apoiados em elevados níveis de motivação e, muito, muito trabalho». Uma receita pioneira no mercado de seguros em Portugal que lhe permitiu consolidar a posição e dobrar o milénio com os olhos postos no crescimento sustentado que manteria até 2007, altura em que passaria o testemunho a António Bico, um gestor formado na escola da Zurich.

"Falha, falha outra vez, falha melhor"

> A Zurich que António Bico encontrou em 2007, ano em que substituiu José Coelho na liderança, era radicalmente diferente da pequena companhia dos anos 80. Mas era uma casa bem conhecida do gestor que cresceu fascinado com o mundo das empresas e do trabalho.

Trabalhou desde muito novo. Mais de metade das férias de verão eram passadas a trabalhar. E não podia saber nessa altura, quando atendia clientes em sapatarias, que a primazia que dava ao cliente seria o seu passaporte para chegar a CEO numa seguradora onde o seu antecessor tinha criado a mesmíssima cultura. «Quando um cliente entrava na sapataria, a minha atenção focava-se em que saísse satisfeito. Se era cliente, tinha direito a mexer nos sapatos todos, experimentar os que queria, pedir todas as informações», relata.

Começou a trabalhar na atual Zurich quando ainda se chamava Metrópole. Tinha 17 anos e integrou o departamento de sinistros/acidentes de trabalho. Aprendeu o bê-á-bá técnico do negócio, que foi uma espécie de recruta intensa.

A ida para a universidade, adiada no fim da adolescência, é repensada aos 20 anos. Propõe-se fazer o exame *ad-hoc* para admissão direta, e é colocado no curso de Filosofia, mas não chega a frequentar as aulas. A tropa volta a interromper-lhe o percurso e o tempo que sobrava usava-o a trabalhar na seguradora.

O conhecimento detalhado da componente técnica do negócio trouxe-lhe reconhecimento. Conhecia todas as tarifas, todos os detalhes contratuais, fruto de muitos anos a organizar minutas e propostas. Quando no mercado se iniciou uma vaga de mudança nas condições tarifárias, estava em excelente posição para propor novos formatos e dar formação a terceiros. «Se não tivesse podido inovar aqui, teria encontrado outra forma de o fazer», acredita.

Muita da literatura comercial da Zurich tem a sua assinatura. Redigiu propostas para os mais diversos âmbitos e levava o trabalho às últimas consequências. Um dos episódios mais caricatos aconteceu a propósito do pagamento de indemnizações decorrentes de estragos causados pela neve. Não hesitou em propor-se para defender o tema em tribunal em representação da companhia. «Fui ao Instituto de Meteorologia, informei-me de todos os detalhes técnicos, usei a terminologia recomendada e redigi uma nova proposta», relembra.

A sua progressão na empresa decorreu dessa autonomia e, nas suas palavras, da capacidade de fazer coisas que ninguém lhe pediu para fazer. Foi assim, a um ritmo de 12 horas de trabalho por dia, que aos 27 anos chegou ao lugar de diretor técnico. «Nessa época, vinha para a empresa ao sábado para poder trabalhar mais à vontade. Queria poder ler, estudar condições contratuais, propostas, compreender o negócio». A sua atenção ao detalhe e a aposta em conhecer em rigor cada segmento levou-o à Suíça para realizar uma especialização, uma das muitas que faria ao longo da carreira. Quando surgiam oportunidades em novas áreas, o seu nome era proposto naturalmente pela capacidade técnica que ia adquirindo. «Queria pôr em prática metodologias que aprendera, mas acrescentando-lhes a visão que tinha das necessidades dos clientes. Era essa a minha ambição de liderança», refere.

A superação do fracasso foi uma das maiores provas. Não aos pequenos fracassos do dia-a-dia, mas a um momento maior de compromisso falhado, que aconteceu na Zurich quando, sob a sua liderança, teve a cargo a alteração de todo o sistema informático da empresa. Por orientações da sede da seguradora, o projeto chegou a Portugal pelas mãos de uma equipa internacional, a quem foi atribuída a missão de desenhar e implementar o novo sistema de aplicações para clientes. A desadequação à realidade, somada a um conjunto de erros de percurso, condenaram o projeto e o *timing*, colocando em risco toda a operação. O impasse durou poucas horas. No dia seguinte, António Bico convocou toda a equipa para trabalhar sem horas de saída na construção de uma nova solução, criada com o *know-how* interno, iniciativa que contou com o apoio do então CEO. Ficou a lição que hoje recorda nas palavras de Beckett: «falha, falha outra vez, falha melhor». O que significa simplesmente nunca desistir.

Foi assim acumulando *know-how*, concluiu um MBA – Master em Gestão de Empresas pelo IESF – Instituto de Estudos Superiores Financeiros e Fiscais, sendo-lhe então proposto o lugar de administrador-delegado em substituição de José Coelho, com quem partilhara e aprendera a receita Zurich de construção de uma rede nacional de serviços ao lado dos clientes. A sua primeira decisão como número 1 foi frequentar um curso no prestigiado IMD, em Lausanne, na Suíça, prescindindo das férias desse ano. «Recebi a notícia da nomeação como um choque, um choque positivo, mas em simultâneo com enorme felicidade e orgulho. Sempre me senti reconhecido e este foi um sinal máximo».

Hoje olha para o seu percurso e vê-se como um líder que fez um percurso de gestor até chegar ao topo. Tem como referência livros simples, nos quais identifica a forma como olha para o seu lugar no mundo do trabalho. *It's not how good you are – It's how good you want to be*, é um deles, exemplo da filosofia de concretização da *extra-mile* que reinvindica para si.

Sobre a sorte, tem opinião formada: «é a conjugação de oportunidades com competências». No seu caso, soube beneficiar de ambas.

António Casanova
CEO da Unilever / Jerónimo Martins

«Sorte tem a ver com talento, com ambição e com empenho».

Está ligado a algumas das mais emblemáticas marcas que atuam em Portugal e é um nome incontornável quando se conta a história do marketing português nas últimas duas décadas. No grande consumo, na banca e nas telecomunicações, António Casanova nunca perdeu de vista que o mais importante é perceber o que as pessoas precisam. É um típico lisboeta, mas já tem muito mundo nos seus 47 anos de vida. Cresceu dividido entre letras e as matemáticas e teve de fazer opções com apenas 16 anos, altura em que ingressou na Universidade Católica. Entre Direito e Economia, a segunda ganhou vantagem, mas bastaria apenas um ano para que os seus horizontes mudassem de novo. O pai é colocado em Londres, a família muda-se e António Casanova, atual CEO da Unilever Jerónimo Martins, é admitido na London School of Economics. Aos 17 anos, estudava numa das melhores escolas do mundo, numa época em que a mobilidade dos estudantes portugueses era ainda reduzida. Ainda assim, reconhece que fez a faculdade «mais em jeito do que em força». Em Londres, para um *teenager*, o dia revelava-se curto com tudo o que a cidade podia oferecer.

Continua com um percurso precoce e aos 20 anos está licenciado. Sabe que tem tempo e a sua ideia é manter-se na escola. Desta vez, do outro lado do Atlântico, num MBA nos Estados Unidos. É com algum divertimento que hoje recorda as respostas de «*see you later*» que as melhores universidades americanas lhe enviaram. «Basicamente estavam a dizer-me: "vá trabalhar e depois volte a tentar"». Decide então regressar a Portugal e é aceite no MBA da Universidade Nova, então no seu início, também uma forma de obter equivalência nacional ao curso que acabara de completar. Continua muito novo e o MBA vai ajudá-lo a perceber que há duas áreas em que tem interesse: marketing e banca de investimento. Quando a Unilever abre um concurso de *trainees*, sabe que esse é um dos caminhos que lhe interessam. É admitido e ganha aí o seu primeiro salário como estagiário: 45 contos por mês (aproximadamente 225 euros), no ano de 1984. É colocado dois meses no departamento de vendas e dois meses na fábrica, juntamente com os operários.

Quando deixa a fase de aprendizagem, tem como primeira chefe Paula Soares dos Santos, de quem é assistente de gestor de produtos: um lugar que lhe permitiu crescer e que considera ter sido um momento de sorte. A sua chefe sai e, após uma primeira busca por alternativas, o lugar é-lhe oferecido. «O diretor disse-me então que estava a privilegiar o potencial sobre a experiência. E tive essa sorte». Vai permanecer mais de quatro anos no mundo de marcas líderes que a Lever detinha (e detém), é promovido a gestor de grupo de produtos, ganha experiência no mercado de *mass market*, mas findo esse período decide sair. Porquê? «Para ser diretor de marketing, tinha de ser expatriado e não sentia que fosse a altura certa para o fazer. Para além disso, não estava absolutamente convencido de que não houvesse mundo fora dos bens de consumo».

Muda de universo e vai ocupar um lugar do lado de quem aconselha, numa equipa *premium*: a da McKinsey. A consultoria abria-lhe a porta a vários setores, a diferentes estratégias e lógicas de negócio. Era o sítio certo no momento certo.

Nos vários projetos desenvolvidos, conhece empresas e empresários. E é dessa nova rotina que vai nascer o convite que o fará, de novo, trocar de lado na barricada. António Viana Baptista convida-o para integrar o Banco Fonsecas & Burnay, no contexto do início de privatização da banca e da sua compra pelo BPI. O desafio é aliciante, a banca é um mercado no qual anseia trabalhar e, aos 28 anos, está a chefiar uma equipa de mais de 40 pessoas. Começara muito novo e o tempo jogava a seu favor. A sua entrada na banca é atípica para a época – na hierarquia, é colocado no nível 18, o mais alto, equivalente a diretor-coordenador.

Da indústria de bens de consumo traz ideias frescas numa banca em antecâmara de democratização. A aplicação de técnicas de *mass market* a um mercado até aí rígido e hermético dá frutos. Lança um crédito à habitação em condições que permitiam a massificação de um produto bancário até então fechado a poucos. Com *spreads* de 12% e inflação de 10%, o risco inibia outros de darem um passo em frente. Argumentou com a dimensão do mercado, beneficiou de uma economia em processo de abertura à Europa. Ganhou.

O pensamento de marketing dava-lhe asas para outros voos. «Começámos a anunciar o crédito nos classificados – ninguém o fazia e era onde estavam os clientes. Abrimos lojas dedicadas ao crédito à habitação, fomos para a televisão».

O percurso no BFB projeta-o para a primeira liga do marketing. O grupo Unilever continuava atento ao seu percurso e convida-o a liderar o Marketing & Vendas de uma das divisões, a Elida Gibbs. Não é apenas um lugar de peso, é também uma substituição de peso – vai para o lugar antes ocupado por Alberto da Ponte, que assume a direção-geral da Unilever. A sua esfera de intervenção é, em pouco tempo, alargada aos projetos especiais em que trabalha junto da administração. Conhece o grupo como poucos. É o tempo em que os portugueses se apaixonam pelo marketing e a guerra das marcas pelas prateleiras dos hipermercados está ao rubro. É-lhe então entregue a Direção de Vendas da Lever numa solução de exceção por dois anos que, de todo, não desejava executar. De novo aprende, de novo cresce. Tem uma preparação intensiva para a defesa do exigente segmento dos detergentes, então em concorrência aguda com a entrada em força da Procter&Gamble no mercado nacional. Uma comissão de serviço, como lhe chama, que diz ter desempenhado «competentemente». Uma avaliação que o grupo carimbou com a sua nomeação para diretor-geral adjunto da unidade de negócio.

A sua exposição coloca-o em posição de elegibilidade para os epicentros onde se decidia a liderança da Unilever. Sucede-se a direção de marketing da Fima e aí sente que o entusiasmo é menor. «Já era uma função repetida e queria fazer coisas novas».

Estava com o espírito certo para aceitar uma mudança de 180º, saindo dos bens de consumo para a sua primeira experiência nas telecomunicações. Tal como na banca, tinha agora nas mãos a hipótese de se por à prova num mercado em explosão. O lugar de administrador de Marketing, Vendas e Operações da recém-criada Optimus estava feito à sua medida.

A verdade é que continuava a fazer o que melhor sabia e mais prazer lhe dava: criar soluções de conveniência que fossem ao encontro do que as pessoas necessitavam. A campanha Pioneiros com que a Optimus se apresenta no mercado é um sucesso e a operadora cresce. No ano 2000, é nomeado CEO. É pela primeira vez número 1 e no primeiro dia de liderança recorda-se de pensar: «é tudo minha responsabilidade, tudo». Foi aí que percebeu que tinha de identificar as funções que queria para si e as que iria delegar noutros. Ter a responsabilidade de tudo significava saber organizar tudo. Entre 2000 e 2004, a quota de mercado da Optimus passou de 16 para 22%, num setor que se tornava progressivamente difícil, por razões económicas e de regulamentação. Para António Casanova, era o momento certo de regressar a uma ambição antiga: a experiência de formação nos Estados Unidos, em Harvard, agora já com muito trabalho para mostrar.

Quando regressa a Portugal, em função da reorganização do grupo Sonae, é tempo para uma nova mudança. Assume um lugar na administração da Sonae

Sierra, que irá desempenhar entre 2005 e 2009. «Gostei muito da equipa, mas não via o cliente final. E estou demasiado habituado a saber para quem estou a trabalha», confessa.

Por isso, quando a Unilever se cruza de novo no seu caminho, não teve 30 segundos de dúvida. 20 anos depois, a empresa que o acolhera como estagiário recebia-o agora como CEO. «Parece que nunca saí, conheço os cantos todos à casa», observa.

Teorizar sobre a sorte é um exercício que não lhe deixa muitas dúvidas. Tem a ver com talento, com ambição e com empenho, diz. Arrisca uma definição: «a sorte é o encapsulamento de coisas que não conseguimos precisar nem definir, mas que determinam o resultado final». Há ordem no caos, acredita, mesmo que ainda não se saiba qual.

António Coimbra
CEO da Vodafone Portugal

«É preciso olhar sempre para a frente e ter novas ideias».

No dia que lhe propuseram trocar uma empresa no setor da informática por outra no setor dos «telefones», nada o motivou a aceitar. Disse que não. A empresa era a Telecel e o líder do projeto era António Carrapatoso. À segunda insistência, o assunto resolveu-se, como relata de forma bem-humorada: «foi uma verdadeira troca de opiniões – eu entrei com a minha e saí com a dele».

Vem de uma família de professores – e dar aulas é uma tradição à qual também não escapou. Hoje sabe que isso contribuiu para que pudesse liderar uma empresa. «Para além das componentes pedagógica e de comunicação, as aulas expuseram-me aos alunos e a um ambiente que temos de dominar», explica António Coimbra, CEO da Vodafone Portugal. Mas, no princípio, estavam as ciências, a engenharia, as motas e os carros. Não necessariamente por esta ordem. Importa reter que desta combinação resultou como natural a opção de António Coimbra pelo curso de engenharia mecânica no Instituto Superior Técnico.

O seu primeiro emprego foi na Siemens, como gestor de produto de sistemas Unix. Era um bom trabalho, numa boa empresa e num mercado em grande crescimento das tecnologias de informação. O salário que ganhava ao fim de quatro anos, espelhava essa realidade: 300 contos no início da década de 90 (aproximadamente 1500 euros). Quando a Siemens fecha a divisão de computadores, mercê da fusão com a Nixdorf, não acredita no projeto que se sucede e decide sair.

O compasso de espera é curto: é contactado por um *headhunter* que lhe apresenta uma proposta para integrar a Olivetti. O engenheiro Coimbra era agora desafiado a assumir as vendas para a administração pública e o marketing, uma função que descolava das funções técnicas e o projetava para a frente de mercado. Gosta da experiência, gosta do setor da informática e está neste estado de alma quando volta a ser abordado por um *headhunter* a propor-lhe uma nova mudança. Telefones, disseram-lhe. Franziu o sobrolho. «Não me dizia nada, achava um negócio "careta". Para mim, naquela altura, informática é que era».

E assim, após uma primeira reunião na empresa com o responsável de marketing e vendas, disse que não ao primeiro convite.

O *headhunter* não desistiu e recebe um segundo telefonema. A proposta é então que fale com António Carrapatoso, responsável do projeto para o qual estava a ser convidado. Aceitou e o inesperado aconteceu. «Foi uma verdadeira troca de opiniões – eu entrei com a minha e saí com a dele», conta com humor.

Entra na então Telecel como diretor de vendas diretas, a responder ao vice-presidente de marketing e vendas. O raio de ação que lhe era confiado, não podia ser mais amplo: «fui montar tudo de raiz, lojas, vendas diretas a PME e Grandes Contas, processos». Começa a trabalhar em setembro de 1992 e chefia uma equipa de 35 pessoas. A Telecel era lançada no mercado no mês seguinte. Depois de um ano e meio em plena aceleração, António Coimbra viria a assumir a direção de marketing e comunicação em 1993.

O mercado adere à resposta de uma Telecel que trazia uma marca fresca, uma aposta no serviço ao cliente e uma prioridade total à inovação de produto. Um trajeto ascendente que sofre um primeiro embate em 1995, com o lançamento pela TMN, principal concorrente, do conceito de pré-pago. «Foi uma fase dura para a Telecel que até aí tinha vindo sempre a ganhar, liderando o mercado das telecomunicações móveis. As pessoas perguntavam "tens um telecel?" quando se referiam ao telemóvel», recorda.

Com o pré-pago, tem início a democratização dos telemóveis e a operadora é rápida a responder, com a sua «Vitamina T». A Telecel reage com a intensificação da aposta no marketing e comunicação e com uma prioridade total no serviço ao cliente. É dessa época a campanha «TouXim», ainda hoje um marco na história da publicidade em Portugal. Com um mercado ao rubro, António Coimbra é convidado a integrar a administração com o pelouro do marketing e do serviço ao cliente, mais tarde alargado às vendas e operação.

A inovação e diferenciação no serviço ao cliente afirmam-se como um dos grandes pilares da preferência do mercado *premium* pela Telecel. «Logo em 1992 fomos pioneiros no lançamento do serviço de atendimento 24 horas, 7 dias por semana, numa época em que o atendimento fechava às 18 horas», recorda. A faturação detalhada é outras das aspirações que a operadora antecipa, marcando pontos junto dos clientes.

Em 2001, a empresa muda de nome, mercê da integração no grupo internacional Vodafone. O que podia ser uma ameaça ao posicionamento alcançado, foi uma oportunidade. «O desafio da mudança de marca para Vodafone permitiu-nos rejuvenescer a comunicação, sem perder com isso o forte acolhimento que tínhamos no mercado empresarial», conta.

É também nesta fase que se afirma uma das apostas mais bem-sucedidas, o lançamento da marca Yorn que a equipa portuguesa consegue preservar, apesar do desalinhamento com a comunicação do grupo ao nível internacional. Tornou-se a marca líder no segmento de telecomunicações direcionadas ao público jovem, com 50% de quota de mercado.

Numa empresa fortemente exposta ao público, a experiência de António Coimbra no marketing, vendas, comunicação e distribuição cimentou a sua posição na operadora. Também na vertente internacional, a sua esfera de influência se alargou, ao integrar, em 2000, o marketing board do grupo Vodafone, o que o tornava elegível para número 1 da companhia. «Tornou-se claro para mim que havia essa possibilidade, mas nunca tive ansiedade por ser CEO, porque sempre trabalhei muito bem com António Carrapatoso (CEO da empresa entre 1992 e 2008)», explica.

A indicação para CEO, no verão de 2008, com efeitos a partir de setembro de 2009, decorreu, por isso, num processo de total normalidade. A realidade de todos os dias não se tornou assim tão diferente, a relação com as pessoas não se alterou substancialmente, mas agora António Coimbra sabe que é a si que perguntam o que se passa. O seu lado prático de engenheiro não deixa espaço para que hesite – é preciso sempre olhar para a frente e ter novas ideias.

António Reffóios
Diretor-geral da Nestlé

«Feliz sim, sorte não».

Não tinha vocação definida – podia ter seguido Medicina ou Engenharia, ou mesmo o curso de Direito que os testes psicotécnicos apontavam. A opção pela Gestão foi tomada mais pela intuição do que pela razão. Provavelmente inspirado pelo tema da liderança e pela lição que aprendeu cedo, de que só se ultrapassa uma derrota com uma nova vitória. É por isso que um chefe é um chefe e um líder é um líder.

A sua infância foi um tempo ao compasso de duas mulheres. Respetivamente, a bisavó e a avó. Uma que o ensinou a ler, outra que o ensinou a ouvir, sobretudo estórias da História de Portugal. «Senhoras de grande sensibilidade e sentido de justiça», qualidades essas que gosta de pensar que herdou.

Se este é um ambiente digno de qualquer bom romance saído da pena dos ilustres escritores sul-americanos, acrescente-se-lhe um cenário de outro continente, ainda mais por desvendar. África foi a sua casa até aos 10 anos e aí viveu num contexto, também bem africano, de família alargada. Da informalidade própria de quem vivia bem longe da metrópole, mudou para o ambiente de um colégio interno, com direito a uma saída por semana. Acontecia ao sábado e tinha lugar na casa dos tios de Lisboa, que tinham ficado como seus tutores. Uma verdadeira segunda família, com quem viveu uma etapa fundamental da sua vida e de cuja casa só saiu quando entrou na universidade. Era também aqui que se reencontrava com a bisavó e que se lembrava que ainda era, afinal, um menino. «Sempre fui um mimado, um privilegiado. Não me sentava à mesa em mangas de camisa, nem no verão», relata.

Ao choque inicial da vida em Lisboa, sobreveio uma nova rotina de que aprendeu a gostar. Como, por exemplo, as tertúlias do tio ao sábado de manhã, no Chiado, naquele lugar que desde sempre acolhe os lisboetas, a Brasileira.

No Colégio Militar, foi um aluno «aceitável», nem sempre bem-comportado, mas um grande desportista. Não tinha vocação definida – podia ter seguido Medicina ou Engenharia, ou mesmo o curso de Direito que os testes psicotécnicos apontavam. Acabou bem o liceu, com média superior a 14 e com dispensa de exame de aptidão à universidade.

A opção pela gestão foi tomada mais pela intuição do que pela razão. Provavelmente inspirado pelo tema da liderança, mesmo que lhe fosse impossível saber que assim era. Não é por acaso que a figura mais marcante do seu percurso de liceu é o professor de educação física. Razão: «porque foi o homem que me ensinou a aceitar a derrota». Como? Fazendo um grupo de adolescentes perceber que só uma nova vitória cura uma derrota. Foi assim num dos episódios mais marcantes que recorda do Colégio Militar. «Tínhamos uma excelente equipa de futebol e éramos grandes favoritos a ganhar o campeonato entre escolas. Na final, perdemos e a equipa ficou inconsolável. Na semana seguinte, o nosso professor de educação física entrou pelo balneário dentro e disse: vou fazer uma equipa de vólei para ganhar o campeonato e vai ser com vocês. E ganhámos!».

Faz o curso de Gestão no ISCEF, atual ISEG, que concluiu em 1976 e, na época, chegou a ponderar uma inflexão estratégia para a carreira diplomática. Os tempos eram de instabilidade e nesse ano o Ministério dos Negócios Estrangeiros não abriu concurso, pelo que o processo ficou pelas intenções. Concorreu para professor de liceu e continuou à procura de emprego. Por conhecimento de um amigo, bateu à porta da Deloitte. A consultora que hoje emprega centenas de pessoas em Portugal era na altura um escritório com oito funcionários. Lado a lado com José Spínola, amigo e colega de curso, António Reffóios conseguiu o seu primeiro emprego em fevereiro de 1977 sob a liderança de Michael Cutler. Com o *partner* da Deloitte, aprendeu uma grande lição: «começa sempre por fazer o que não gostas». O seu primeiro salário foi de 4500 escudos (aproximadamente 24,5 euros), mas ao fim de dois meses ganhava mais do dobro, cerca de onze contos (cerca de 55 euros). «Havia um ambiente muito bom e de grande aprendizagem, mas a certa altura tornou-se repetitivo», afirma.

É esssa razão que o leva a procurar um novo desafio, que se concretiza com a saída para a Singer, onde assume funções na área de contabilidade e controlo de gestão. É nesse lugar que uma empresa de *headhunting* o encontra e lhe apresenta a proposta que acabaria por marcar a sua carreira: integrar a Nestlé, arrancando com um departamento novo, o de preços, a ser construído de raiz. «Era eu sozinho com uma secretária, mas beneficiei de alguma experiência adquirida em finanças e custos».

A Nestlé era, à época, uma empresa com forte predominância do negócio de farinhas e produtos de leite. No recém-criado departamento de preços, António Reffóios teve oportunidade de conhecer a empresa transversalmente. O que seria consideravelmente difícil de outra maneira.

Ao fim de mais de dois anos na função, é-lhe apresentada uma nova oportunidade: assume o lugar de gestor de produto com a marca Nescafé. Dá um passo em direção a um universo que lhe interessava cada vez mais, a área comercial e de marketing. «Era uma esfera que me fascinava por ser a menos repetitiva e com mais liberdade». É neste mundo novo que conhece o seu primeiro *flop* também, com o lançamento do Nescafé Seleção que, por várias razões de contexto de mercado, não vingaria. «Sabia que tinha feito as coisas bem feitas, que não tinha faltado empenho, mas ainda assim os resultados não aconteceram». Acusou o toque desse insucesso e o sentimento de marcar passo tornou-se-lhe pesado. Por isso, quando surgiu o convite para uma outra multinacional, a Warner-Lambert, a resposta foi afirmativa. «A empresa estava numa fase interessante, com a compra do distribuidor local e um novo começo». O desafio valeu e a aprendizagem também, mas a verdade é que sob uma gestão centralizada, própria de uma empresa americana, António Reffóios, então diretor de marketing, viu-se a braços com menos autonomia e influência do que a que conquistara na suíça Nestlé como gestor de produto.

A experiência é por isso curta e a aposta seguinte decorre de um desafio numa empresa com dimensão – a RAR, que pretendia então criar uma unidade de grande consumo assente nas marcas Buondi, Motta e Imperial, respetivamente café, gelados e chocolate. A empresa em si nunca veio a concretizar-se e a direção comercial assumida por António Reffoios perdia o sentido. Este é o tempo da mobilidade. Nova etapa: Esselte, empresa de material de escritório que tinha um distribuidor e queria crescer. Uma missão cumprida cujo fôlego se esgotou em dois anos. Tempo suficiente para António Reffoios receber um telefonema de Emílio Herrera, diretor-geral da Nestlé. Proposta: um regresso à multinacional e ao negócio de cafés, então uma aposta em crescimento.

E, dessa vez, voltando a fazer tudo bem, tudo aconteceu igualmente bem e a posição na empresa reforçou-se. De ano para ano, o atual diretor-geral sentia apenas o peso de um tema não resolvido: a carreira internacional, indispensável no percurso de uma multinacional. Tinha recusado uma primeira proposta, em meados da década de 90, mas, face às reações, compreendeu que o seu desenvolvimento profissional exigiria uma experiência fora do país e que numa próxima oportunidade não poderia dizer que não. O bilhete de saída acabaria por levar o carimbo da Polónia, tempo que recorda como de grande esforço familiar. «São momentos em que toda a estrutura da nossa vida pessoal é abalada. Mudamos de casa, os filhos mudam de escola, mudamos rotinas. É preciso ter um apoio familiar muito forte e eu tive essa felicidade».

Regressa a Portugal em 2001, naquele que designa como um movimento lateral. De presidente do conselho de administração da empresa Nestlé na Polónia, vem para diretor do negócio de retalho. «Tinha expectativa de chegar a diretor-geral, porque nessa altura já me sentia capaz». Esperaria mais cinco anos até o momento chegar. Em 2006, foi indicado para o lugar que ambicionou e que sente merecer. «Fui escolhido porque estava preparado, porque sou respeitado, porque tenho uma visão 360º da empresa e porque gero confiança e isso é fundamental».

Com as ideias bem arrumadas, não usa a palavra sorte para descrever o trajeto que tem realizado, nomeadamente na Nestlé. «Feliz sim, sorte não».

Tem presente a linha de fronteira entre o gestor e o líder e introduz novos conceitos na discussão: o de *bosship* versus *leadership*. «Se quisermos, a "chefiança" e a liderança, e é muito importante distinguir uma da outra».

Sorte, sorte é outra coisa. «É através do trabalho que ganhamos o direito a ter uma boa vida e a ter sorte. Sorte mesmo, precisamos de ter no amor e eu fui muito sortudo com a minha mulher».

Bernardo Bairrão
Ex-CEO da Media Capital

«Sou mais um gestor do que um líder e sou, sobretudo, uma pessoa de trabalho».

Um *CEO* que iniciou o percurso académico simultaneamente em Veterinária e Gestão não é vulgar. Sobretudo quando o negócio em que se notabiliza é no setor dos *media*. Bernardo Bairrão não é um gestor vulgar, mesmo que exerça militantemente uma postura discreta.

Gerir o próprio destino atraiu-o desde cedo. Ser empresário era uma sedução pouco habitual num país que só muito recentemente (re)descobriu o empreendedorismo. Quando terminou o curso de Gestão, a banca era a sua primeira escolha, mas o facto de ter sido selecionado para a Marinha obrigou-o a um interregno. Mas seria, de facto, na banca que começaria a trabalhar, no Banco Internacional de Crédito (BIC), instituição do grupo Espírito Santo. Foi fazer análise do risco de crédito, um estágio que lhe serviu para aprender tudo o que faria a seguir. «Foi onde mais aprendi sobre o que é uma empresa», afirma. Ganhava 200 contos (aproximadamente 1000 euros), os anos 90 estavam à porta e Portugal transbordava de oportunidades económicas pela primeira vez em muitos anos.

Do BIC, transfere-se para o *project finance* do Espírito Santo Investment, área em que António Mexia era o administrador responsável. «Aí aprendi o que eram projetos de dimensão, tendo tido o privilégio de trabalhar com pastas como a da introdução em Portugal do gás natural e a do financiamento das novas licenças móveis». Ficou até 1994, mas o trabalho era demasiado «de secretária» e do que gostava mesmo era de empresas e de negócios.

Em meados dos anos 90, os *media* emergiam como negócio; mais do que isso, emergiam como negócio apelando por gestão profissional, capaz de racionalizar opções e de transformar um mercado em ebulição de concorrência e em revolução tecnológica. A TVI, ainda sob a tutela da Igreja, atravessava um período difícil e, quando a empresa avançou para um aumento de capital com uma operação de colocação em Bolsa, Bernardo Bairrão foi convidado a integrar a equipa, respondendo diretamente ao diretor financeiro, Tiago Morais Sarmento, e a estabelecer uma relação direta com a administração por via dos acionistas.

O projeto é exigente, mas cumpre-o com eficiência. Uma vez concluído, aproveita para tentar realizar o seu sonho de sempre, o de montar a sua própria empresa.

Como na TVI as suas funções se tinham reduzido com a finalização da operação, e também com a degradação da situação financeira, aproveitou o momento para sugerir a reconfiguração do seu papel, passando a consultor financeiro externo. Foi essa oportunidade que lhe permitiu, em conjunto com um tio e mais alguns sócios, arrancar com uma empresa de representação de frio industrial. Não conhecia o negócio, não tinha sinergias com nada do que fazia, mas tratava-se de lançar uma empresa e esse era o seu universo natural. Dedica-se de corpo e alma ao novo negócio. Entre 1997 e 1998, é a Refrarco que lhe ocupa os seus dias. Durante cerca de um ano, viveu a *vida loca* de tentar conciliar ambas as tarefas, a de empresário e de consultor. «Chegava a ter duas reuniões marcadas em simultâneo, na TVI e na Refrarco. Vivia em ponte entre Lisboa e Queluz».

A sua capacidade de trabalho e de assegurar compromissos foi posta à prova nesse período e não tem dúvidas que pagou um preço. «O dia tem 24 horas e, mesmo muito bem gerido, temos de fazer opções. Naquela época, para cumprir tudo aquilo a que se propunha, o tempo que não sobrava era o da minha vida pessoal». Com uma faturação de 1,5 milhões de euros e uma equipa de 10 pessoas, a empresa começava a andar sozinha. «Foi a minha grande aprendizagem de negócio», reconhece ao falar sobre este período.

Em setembro de 1998, Miguel Pais do Amaral pede o seu apoio para a tentativa de compra da TVI no âmbito do processo de recuperação da empresa pelos credores. Concretizado esse objetivo, é convidado a integrar de novo os quadros da televisão, onde regressa sem contrato assinado e sem sequer ter clarificado o seu papel na organização. «Na prática, comecei a gerir algumas áreas da empresa desde o dia em que entrei, mas só assinei o primeiro contrato no final de 1999». Assumia então as funções de Diretor Coordenador Adjunto do Presidente do Conselho de Administração da TVI, o que na prática se traduzia numa coordenação geral das diferentes direções, com exceção das áreas de programas e informação. «O que, confesso, excedia em muito as minhas expectativas quanto à função para a qual pensava ter sido contratado», relata. Dependia hierarquicamente do presidente do conselho de administração, Miguel Pais do Amaral, e beneficiou de uma conjuntura acionista que permitia elevada autonomia da gestão.

A sua experiência financeira somada à gestão operacional aprendida no terreno permitiram-lhe um grande pragmatismo nas decisões do complexo mundo do negócio televisivo. «Trouxe para a TVI a gestão de "mercearia" que praticava na Refrarco», sorri. Era uma equação muito simples: as receitas tinham sempre de superar os custos e isso não podia falhar. O primeiro orçamento que elaborou para a TVI, referente ao exercício de 1999 – uma verdadeira relíquia da história – previa 3,5 milhões de euros de custos para 5 milhões de euros de receitas. Cerca de 30 vezes menos do que foi em 2010.

Quando, em 2000, a Bavaria, sócia de Miguel Pais do Amaral, sai da TVI, este ganha controlo total de gestão e algum tempo depois Bernardo Bairrão é nomeado administrador. Até 2005, a gestão corrente fica nas suas mãos, uma vez que era o único administrador executivo da TVI. De 1999 a 2007, o canal de televisão ganha sempre quota de mercado e apresenta sempre excelentes rentabilidades. Nesse período, a TVI lança produtos que alteram para sempre o panorama televisivo português, destacando-se o «Big Brother» e as novelas portuguesas.

Com a venda da Media Capital à Prisa em 2005, há um novo xadrez de gestão. É convidado em 2006 para administrador delegado da Plural, empresa de produção do grupo, onde a sua experiência de gestão era considerada fundamental. Mantém-se, contudo, ligado à TVI como administrador, embora com um papel muito mais reduzido.

Com alguma surpresa, o que parecia um desvio, transformou-se «no período profissional mais divertido até hoje». Um negócio totalmente diferente, de forte pendor criativo e com enorme necessidade de uma gestão que potenciasse a capacidade instalada. Bernardo Bairrão sentiu-se em casa, rodeado de uma equipa muito pouco *corporate suit* e a viver uma experiência que não imaginara tão desafiante.

Foi, por isso, com surpresa que recebeu o convite do homem forte da Prisa em Portugal, Manuel Polanco, para ocupar o lugar que ele próprio desempenhava – o de CEO da Media Capital. «Não era um lugar que ambicionasse», afirma, «mas sabia que o podia fazer». Na sua cabeça, o papel de liderança está muito claro: «os conflitos são naturais, mas alguém tem de os gerir e de tomar decisões em função do que é melhor para a empresa».

Como CEO da Media Capital, voltou a gerir a TVI, acumulando funções de administrador-delegado da estação. Em 2009, com a saída de José Eduardo Moniz, e durante cerca de dez meses, acumulou também as funções de gestão que então pertenciam ao diretor-geral da televisão. Aí, até pelo momento político, sentiu o peso da responsabilidade, não pela vertente da gestão, mas pela exposição pública. Sintomaticamente, foi nessa altura também que uma velha aspiração voltou. «Um dia hei de voltar aos meus projetos», diz, convicto de que a pele de empresário é a que melhor lhe assenta. «Sou mais um gestor do que um líder e sou, sobretudo, uma pessoa de trabalho. Posso dizer com propriedade que ter sorte dá mesmo muito trabalho».

Carlos Barros
Diretor-geral da Fujitsu Portugal

«Temos de nos pôr a jeito para ter sorte».

Foi paquete, telefonista, funcionário de armazém. Para chegar a número 1 fez jornadas de trabalho que começavam às seis da manhã e terminavam às duas horas da madrugada. Percorreu milhares de quilómetros como vendedor e admite que essa é a sua grande vocação. Gosta de motivar, influenciar e sobretudo acredita que o importante é nunca perder a confiança.

São seis da manhã e Carlos Barros já está a pé. O dia começa cedo para o miúdo de Odivelas que, depois do liceu, quis logo começar a trabalhar. Não tinha tempo a perder, queria andar depressa: Primeiro anúncio no jornal, primeiro emprego. Vai ganhar 2500 escudos (aproximadamente 12,5 euros) como paquete num armazém – o salário mínimo é, à época, 12500 escudos. O seu primeiro salário chega apenas para pagar o cachorro quente com o galão todos os dias e «nem mais um escudo». O dinheiro é curto e o tempo também. À noite, está de volta aos bancos da escola – não pode ficar pelo caminho. Quando precisa de estudar, a noite acaba às duas da manhã e o despertador volta a tocar às seis da madrugada.

Foram assim os primeiros tempos no mundo do trabalho de Carlos Barros, atual Diretor-geral da Fujitsu em Portugal.

Na pequena empresa que lhe deu o primeiro emprego, progride de paquete a telefonista e, mais tarde, a secretário do patrão. «Aprendi a cada passo a ligação entre esforço e recompensa». Mas o horizonte era curto e, por isso, quando lhe surge a oportunidade de ir para a Robótica, empresa do Grupo Sonae, de novo como paquete, não hesita. A velha máxima lá estava: «às vezes é preciso dar um passo atrás antes de darmos dois em frente».

Na Robótica repete o percurso. É paquete, telefonista, funcionário de armazém. Vive entre computadores – é essa a área de negócios onde presta serviço. Termina o 12.º ano, fica na reserva de incorporação no serviço militar, o que lhe permite dispensar à tropa, e está mais curioso do que nunca para fazer coisas novas. A sua função é levar computadores ao ponto de destino, mas as suas competências vão além do que lhe é pedido. Já sabe como se montam as máquinas e como as pôr a funcionar. «Uma vez fui entregar um computador e o cliente precisava dele a trabalhar com muita urgência. A nossa equipa técnica ainda demorava e eu decidi montar o computador e fazer a demonstração ao cliente». Ganhava confiança e internamente ganhava reconhecimento.

É promovido para o departamento de demonstração de *software* e volta a ultrapassar várias provas de fogo, como a que viveu quando foi indicado para uma demonstração de um *software* de contabilidade, sem que tivesse qualquer noção básica de contabilidade. «Senti um frio na barriga, mas tinha de ir avante. Decidi que o melhor era fazer um pacto tácito com os clientes – eles sabiam de contabilidade e eu conhecia o *software*, era só juntar as pontas e ir aprendendo com eles», relata. Saiu-se bem.

Depois de um ano no departamento de formação, é convidado para a equipa de vendas. Aqui está como peixe na água. Tudo o que fizera até aí concorria para que fosse um bom vendedor – «ajudou, por exemplo, ter sido telefonista, porque percebia a importância de controlar a emoção na voz», exemplifica.

O sentido prático de estafeta também ajudou. Para saber a que portas bater, começou por abrir a lista telefónica e procurar o nome de todos os revendedores que vendiam o *software* que a sua oferta vinha colmatar. Em pouco tempo vendia *software*, computador Compaq e impressora Fujitsu, um verdadeiro *bundle* para a época. Em três anos, fez uma média anual de 90 mil quilómetros, num país ainda sem autoestradas e vias rápidas.

O seu percurso dá nas vistas e a Digirede (parceiro da Digital) convida-o para ficar à frente de uma das unidades de vendas. Aceita o convite, mas cedo percebe que nada o estimulava a ficar. Os dias passavam lentos e soube que tinha de sair quando «dormiu uma sesta à tarde». A chama era pequena e extinguiu-se em menos de um ano.

O novo desafio chamava-se ITS (Grupo Infologia) e o ritmo foi marcado desde a primeira semana. «Visitei os 12 revendedores logo nos primeiros dias, estava muito entusiasmado e cheio de ideias». Mas, ainda assim, seria, no aforismo popular, outro sol de pouca dura. Não pelo ânimo, mas pelo rumo do negócio. «Quando a ITS decide não avançar com o projeto integrado de revenda de *hardware* para o qual me tinha convidado, considerei uma traição», recorda.

Saiu sem saber para onde ia, apenas com um objetivo em mente: «queria criar um projeto de raiz e queria ser o melhor vendedor». Seguir-se-ia uma experiência numa empresa de pequena dimensão, ao serviço da qual iria tocar com as pontas dos dedos o seu futuro próximo. Acontece quando ganha o negócio das lojas francas de Lisboa, informatizadas pelo gigante da informática ICL (atual Fujitsu). É por causa desse negócio que irá conhecer Carlos Afonso, diretor comercial da ICL e a pessoa que mais o influenciou na vida. É ele que o convida para integrar a empresa. Pela primeira vez também, negoceia o valor da sua entrada. Sorri ao recordar-se do episódio: «negociei tão bem que mais tarde soube que ganhava metade dos outros».

Na ICL juntou-se a uma equipa pequena, mas altamente motivada. «Éramos seis, a concorrência tinha uma equipa de quinze, mas estávamos completamente focados no objetivo de liderar». Aqui tinha o espaço que sempre ambicionara para crescer e agarrou a oportunidade com as duas mãos. «Fiz de tudo, até de motorista da equipa técnica, quando precisávamos de fazer mais clientes e todos estavam cansados».

O retorno veio em vagas sucessivas de promoção de vendedor a diretor de vendas, de diretor de vendas a diretor-geral. Sempre num cenário de atuação de grande dinamismo, próprio do mercado de informática nas últimas décadas e com vários processos de fusão e aquisição ao longo do percurso, nomeadamente o que transformou a ICL em Fujitsu Portugal.

«Quando soube que ia ser diretor-geral, senti o peso de 160 famílias nos ombros», reconhece. Um sentimento partilhado por muitos dos que chegam ao topo das empresas e que, no caso de Carlos Barros, se refletiu numa pressão ainda maior para resultados. Já à frente da Fujitsu, realizou um conjunto de aquisições que permitiram à empresa triplicar o crescimento. Manteve a sua camisola de vendedor: «quando lançamos um novo projeto, eu sou o primeiro a ir vendê-lo».

Mas pagou já um preço elevado. Ao fim de um ano como diretor-geral, teve um acidente vascular cerebral e, aí sim, muita sorte, reconhece. O episódio não teve sequelas graves e do afastamento forçado da empresa ganhou algumas lições. A mais importante: dosear o esforço e as energias.

Poucos saberão que é no edifício sede em Lisboa que a Fujitsu Portugal tem o seu centro de competências internacional, o mesmo que acolhe 600 profissionais, num ambiente multicultural, que 24 horas por dia resolvem problemas a clientes em qualquer parte do globo. Essa conquista é também outra faceta da liderança. A da capacidade de influenciar. «Eu sou um líder e o meu principal trabalho é lidar com pessoas e com equipas. Por inerência, tenho de saber gerir, mas o mais importante é abrir o caminho e influenciar o resultado».

Não vê a sorte como um fator externo, mas sim como uma decisão de cada um. «Temos de nos pôr a jeito para ter sorte». O que na sua perspetiva significa saber ler as oportunidades, identificar os riscos e aproveitar os momentos. E nunca, nunca mesmo, perder a confiança. «A sorte dá trabalho, mas temos de desejar ir buscá-la».

Carlos de Melo Ribeiro
Administrador-delegado da Siemens Portugal

"Não me considero uma pessoa acima da média, mas antes uma pessoa que faz uso das suas capacidades acima da média"

«Era um de oito irmãos, do meio, o mais baixinho e o único que não tinha um padrinho rico». Assim se situa na sua infância Carlos Melo Ribeiro, administrador-delegado da Siemens Portugal. Cresceu a sentir-se cidadão do mundo e, na empresa que hoje lidera, perguntou um dia ao CEO: «O que é que tenho de fazer para estar no seu lugar daqui a 10 anos?»

Oriundo de uma família lisboeta numerosa e conservadora, é na figura do avô materno, um empresário de madeiras, que encontra o seu primeiro balão de experiências e valores: a exigência, a entrega ao que se faz, a força de vontade.

Estudou no colégio São João de Brito, onde recorda já ter facilidade de aprendizagem. «Talvez por isso, desenvolvi também alguma preguiça para estudar verdadeiramente», brinca. Dos irmãos, era o que fazia melhor as contas. Sentia que era bom a poupar. Talvez por esse facto, tenha decidido frequentar a licenciatura em Economia na Universidade Técnica de Lisboa e, um ano mais tarde, a licenciatura em Gestão na Universidade Católica de Lisboa, em simultâneo.

O seu percurso foi ditado no dia em que teve conhecimento de uma bolsa da Universidade Católica para a Alemanha. «Como não tinha das médias mais altas, percebi que teria de arranjar uma solução alternativa». Frequentou um curso intensivo de alemão de doze horas por dia durante três semanas e conseguiu o passaporte para o novo desafio.

Viajar e sair de Portugal não o atemorizavam: afinal, era filho de um piloto da TAP e desde cedo se habituou a pensar num mundo sem fronteiras. «Eu quis sempre ser um cidadão do mundo» afirma.

Voou até à Alemanha e esteve um ano e meio a estagiar na Nixford (mais tarde comprada pela Siemens) e na Siemens AG. O seu sentido prático e descomplexado não o deixou parar. Aos 27 anos, seguiu para Boston para frequentar um MBA.

Para pagar os estudos, foi vendedor de porta a porta de serviços de loiça e foi tão bem sucedido nas vendas como na conclusão do curso. Foi o melhor aluno estrangeiro, com 18 valores.

Após conclusão do MBA, Carlos Melo Ribeiro é recrutado para a Texas Instruments, em 1982. Começou por ser colocado em Dallas, nos EUA, regressando a Portugal para trabalhar no Porto como *financial manager* de uma fábrica de semicondutores. Passado algum tempo, percebe que a progressão era limitada e que precisava de encontrar uma nova oportunidade.

Em 1984, foi bater à porta da Siemens. É contratado para o departamento de marketing da unidade de eletrodomésticos, na época em crise. Encontrou maus hábitos de gestão e lançou mãos à tarefa de harmonizar as vendas e preparar o *turnaround* do negócio.

Um ano depois, e com *feedback* positivo face ao que implementara no seu departamento, tomou uma decisão inusitada. Dirigiu-se ao presidente da Siemens e lançou-lhe uma pergunta a todos os títulos invulgar: «*O que é que tenho de fazer para estar no seu lugar daqui a 10 anos?*». Podia ter corrido mal, mas encontrou um interlocutor com elasticidade e sentido de humor. O Sr. Buehler, ex-CEO da Siemens, achou piada e não deixou de reconhecer que poderia ser uma possibilidade. Deu-lhe a dica: era importante que passasse pelos vários departamentos da empresa.

Na história da Siemens Portugal, nenhum presidente havia sido português. Carlos Melo Ribeiro tinha decidido que era essa a sua meta. Do seu plano constava a preocupação de deixar o seu rasto sem acidentes e de concretizar, nos prazos que ia definindo, as várias metas para o conhecimento alargado da empresa.

Em 1988, vai para a Siemens na Áustria. Esteve cerca de três anos como diretor financeiro do departamento dos Sistemas de Segurança. Quando regressa a Portugal, assume o lugar de diretor financeiro do departamento que lhe faltava conhecer: a unidade fabril de cablagens elétricas.

Em 1993, tem um autêntico acidente de percurso. Sofre um acidente de mota que o imobilizou por um ano. Em 1994, é-lhe oferecido um novo desafio internacional, desta feita a Siemens em Munique. É aqui que tem o verdadeiro estágio para número 1. Depois de várias entrevistas, foi-lhe dada a luz verde: tinha 40 anos e estava preparado.

À frente dos destinos da Siemens Portugal, enfrentou o ceticismo de vários pares, nomeadamente quando, em 1995, definiu a visão da empresa para os 10 anos que se seguiriam. Considera-se um gestor e um líder que soube, ao longo do tempo, elevar-se, colocar-se em perspetiva e perceber o que «mais além» se encontrava. A visão de longo alcance é, a seu ver, um dos fatores que distingue os líderes.

Continua um planeador e acredita que o melhor desafio é sempre o próximo. «A melhor ilustração que ouvi desta maneira de pensar veio do realizador Manuel de Oliveira que, na celebração dos seus 100 anos, respondeu que apenas estava preocupado com o que viria a seguir». Uma resposta que condiz na perfeição com o seu *modus operandi*.

Para além da atividade de gestor, aplicou a mesma visão como empreendedor. Transformou uma quinta abandonada, na Lourinhã, num espaço de produção de aguardente. Mais uma vez, tudo se desencadeou por etapas: esperou 10 anos e conquistou a distinção de melhor aguardente do país.

«Não me considero uma pessoa acima da média, mas antes uma pessoa que faz uso das suas capacidades acima da média», afirma.

Vive bem com o risco e com o *stress* que desde sempre fizeram parte da sua vida. Assume que cometeu erros profissionais, mas sublinha que faz parte do processo. «Se a estratégia for a correta, os erros de tática que possam existir são relativizados».

Se a sorte dá muito trabalho? «A minha sorte é eu saber usar as minhas capacidades».

Cláudia Almeida e Silva
Diretora-geral da Fnac Portugal

«Não há curso nenhum, não há formação nenhuma, aprende-se a cair e a levantar».

Ainda não tinha completado os 35 anos, quando surgiu o convite para um lugar de topo. Cláudia Almeida e Silva é diretora geral da Fnac Portugal e a primeira mulher a assumir o cargo de direção geral da marca.

Nos tempos de escola não foi uma aluna brilhante, mas nunca precisou que a mandassem estudar. Talvez porque desde sempre se lembra de ter espírito de missão. Na realidade, teve as suas primeiras influências profissionais no negócio da distribuição. Pela mão do pai, desde sempre ligado a estas áreas, começou cedo a visitar lojas e a partilhar as histórias de trabalho que acabavam inevitavelmente por chegar à mesa do jantar. Dessas histórias, retirou a sensibilidade que mais tarde se revelaria preciosa na sua vida profissional. Arrisca, por isso, uma explicação «genética»: «provavelmente vim com estes genes em maior número e absorvi mais essa informação». Para Cláudia, a escolha da área de economia, ainda no secundário, não foi premeditada. Embora possa parecer estranho ouvir tal coisa da mulher que hoje manda num dos centros de consumo mais associado ao lazer e à cultura, a verdade é que a adolescente Cláudia até preferia hospitais à diversão, talvez «pelas conversas dos médicos».

1990. Evoca sem esforço o verão dedicado aos livros. Quase a «reboque» das amigas, empenhadas em entrar na Universidade Católica naquele ano, decidiu que faria o mesmo. «Era uma maneira de passar o verão com elas», relembra. Fez os exames e entrou no ano zero do curso de Gestão. Daquele tempo recorda alguns professores que a marcaram. Adriano Freire na disciplina de estratégia, Rosário Pinto Correia e as matérias de publicidade são alguns exemplos.

«Quando acabei o curso não queria trabalhar», surpreende. Foi nesta altura e com esta frase que, pela primeira vez na sua vida, foi motivo de preocupação para os seus pais. A trabalhar numa ONG desde o último ano do curso, tinha decidido que, assim se licenciasse, Moçambique seria o seu destino. Partir para África integrada num projeto missionário era o objetivo. «Era um projeto de apoio para dar aulas, desenvolver pequenas comunidades, longe de Maputo. Naquele momento, era o que fazia mais sentido, era uma espécie de pausa para dar um contributo à sociedade». Reconhece que, naquele tempo, e com apenas 23 anos, havia uma certa dose de aventura inerente a esta ideia. Acabou por não ir e agradece aos pais por terem reagido mal à ideia. Mãe de três filhos, olha para trás e deixa escapar que «talvez tivesse a mesma reação».

Na reta final do curso, não se identificava com o clima de competitividade que se tinha instalado entre os colegas. Com a ajuda dos pais, acabou por fazer uma avaliação das cadeiras lecionadas na Universidade com que mais se identificava e foi nessa altura que se estreou no mundo da publicidade na empresa NovoDesign. Recusa chamar entrevista à primeira conversa que teve com Carlos Coelho, um dos fundadores da empresa. «Foi uma conversa em que falámos de tudo menos de publicidade e trabalho. Senti-me compreendida e acabei por partilhar com ele as minhas ideias sobre Moçambique. Gostei muito daquela conversa», lembra. Aliás, a partir daí, sempre que mudou de emprego, as primeiras conversas com as pessoas que seriam os seus futuros chefes, foram decisivas. Acabou por ficar com o lugar de *account* e entrou na Nova Publicidade a gerir um grupo de contas.

À empresa que a acolheu trouxe «mais racionalidade e um pouco mais de gestão», afirma. O importante não era apenas ganhar os concursos, mas também avaliar a sua rentabilidade. Via-se como uma ponte entre o cliente e os criativos. Acabou por ficar três anos. «Gostei sempre do que fazia, mas, a certa altura, já conhecia aquele oceano e queria conhecer outros», confessa.

Os tempos do curso de Gestão fizeram com que Cláudia saísse da Universidade Católica com muito mais do que um «canudo». Foi também aí que conheceu um colega de curso que seria depois namorado e mais tarde seu marido. É ele que a influencia a inscrever-se numa pós graduação de especialização de consultoria, no ISCTE. Aos melhores era dada a possibilidade de fazer um estágio na Coopers and Lybrand e Cláudia ficou entre os dez melhores. Esta oportunidade acabou por revelar-se uma porta de entrada para o mundo da consultoria, onde permaneceu cerca de cinco anos. A vaga era para a área de *corporate finance* e isso «chocou-a» na altura. «Achava o mundo da consultoria interessante, mas hesitei, ainda por cima era um estágio em que ia ganhar metade do que ganhava», lembra. Acabou por ser uma decisão de *feeling*. Pura intuição. Fez avaliações da empresa, analisou balanços e projetos de internacionalização, mergulhou nos números. «Vinha dum meio muito criativo e passei para o meio financeiro em que a excitação era numérica!», comenta bem-humorada. De estagiária passou a consultora e, mais tarde, a *manager*.

Durante a sua permanência na Coopers & Lybrand, vive a fusão com a Price Waterhouse e casa-se. Num dos períodos de crescimento intenso da carreira, é mãe pela primeira vez. Liderava um projeto que a obrigava a estar no Porto cerca de sete meses, quando o filho vivia os primeiros meses de vida. «Tive a sorte de ter um filho excecional desde o berço e de ter um marido fantástico que me ajudou, e continua a ajudar imenso».

Com a fusão, a empresa sofreu alterações em termos culturais e estruturais e por iniciativa própria começou proativamente a procurar outras oportunidades no mercado. Gere a mudança com uma visão assumidamente imediatista – apostou sempre em gerir o momento. Relembra o que sentiu quando decidiu sair da publicidade. «É algo que se sente naquele dia de manhã em que acordamos e, no trajeto de carro para o emprego, percebemos que já não nos dá gozo».

Um anúncio na internet, um currículo enviado e uma chamada para entrevista. A entrada de Cláudia na Conforama parece simples de resumir. Função? Responsável de estudos de mercado. Acabou por ser convidada para criar a Direção de Marketing. «Na altura achei muita piada à ideia de criar algo de raiz», lembra.

A decisão de ir visitar uma loja Conforama antes da entrevista foi determinante. Não conhecia e achou importante ver como funcionava. A história repete--se: a entrevista com o director geral da Conforama marca-a. «Naquela época, o IKEA ainda não tinha lojas em Portugal, mas estava prestes a abrir uma e o que era uma mera entrevista tornou-se logo uma conversa de trabalho», recorda.

Era uma nova adrenalina. Na consultoria, já estava cansada de dizer o que fazer e sentia que tinha de «pôr a mão na massa». Foi receber praticamente o mesmo salário e confessa que essa não era a parte mais importante. Na Conforama, sentiu-se a incutir uma gestão muito orientada para o produto e o fornecedor. Começou pelo trabalho de «formiguinha», como gosta de dizer. «Trabalhar com a direção comercial na altura, fazer a gestão de toda a gama de sofás, do mais caro ao mais barato, organizá-los por estilos e compará-los com o que a concorrência tinha. Comecei assim... Ninguém me pediu que estivesse em sintonia com a área comercial e acho que isso fez alguma diferença».

Por indicação do diretor-geral da empresa, integrou um programa de liderança. Foi pela Conforama, cruzou-se com pessoas de outras empresas do grupo. Como a Fnac. O programa chamava-se «Younext» e lançava a passadeira para aqueles que poderiam vir a ser os próximos líderes do grupo. «Durou quase um ano, com uma intensidade fortíssima e alguma exposição junto do topo do grupo. Eu era a única portuguesa e o único espanhol era Enrique Martinez. Quando terminámos o programa, houve logo algumas afinidades». Enrique Martinez, *coach* de Cláudia durante o programa, é o gestor que assume o lugar de diretor-geral da Fnac Portugal. Lança-lhe então um desafio: a direção da loja Fnac do Chiado viria a ser a próxima etapa no percurso profissional de Cláudia.

Passou a gerir uma loja que, sozinha, faturava mais do que a empresa inteira de onde acabava de sair e tinha sob a sua liderança uma equipa de 100 pessoas. Estava assustada. «Nunca tinha tido experiência no terreno, assustei-me com a responsabilidade da equipa, dormi mal nessas noites... Tinha a Inês, a minha segunda filha, recém-nascida», recorda. Deu tudo de si para não defraudar quem tinha visto nela a pessoa ideal para o cargo. De um momento para o outro, viu-se numa situação completamente diferente de todas as outras, com uma equipa de direção, recursos humanos, um *controller*, um departamento de comunicação e responsáveis comerciais. «Gerir uma loja nesta casa é quase como gerir uma microempresa!».

Decidiu que era com a equipa que tinha de aprender. Passou meses na loja, em contacto com os colaboradores e a estudar todo o fluxo. Entrou no «terreno» e virou costas ao escritório para mergulhar na dinâmica da organização. «Não há curso nenhum, não há formação nenhuma, aprende-se a cair e a levantar», desabafa. Passados seis meses ao comando da Loja Fnac no Chiado, já se sentia familiarizada com as funções para as quais tinha sido escolhida. Outros seis passaram e é convidada para assumir a direção de compras, na área cultural. Desta vez, a viagem de carro ainda não lhe tinha mostrado que o gozo estava perdido. «O momento em que fechei a porta do gabinete e fiz o percurso para casa, custou-me muito».

Liderou a direção comercial apenas um ano. Os dados estavam lançados para que recebesse um convite irrecusável. Com apenas 34 anos, Cláudia foi convidada por Enrique Martinez a ficar com o lugar de diretora-geral da Fnac Portugal.

Não acredita em sucessos por acaso. O que existe são circunstâncias da vida. «Tive a sorte ou circunstância de estar num programa com quem hoje é o meu chefe, de me cruzar com Carlos Coelho que na altura me cativou, mas, sinceramente, nada se faz por acaso». Acredita que as pessoas fazem o lugar e não o contrário. Recorda que nunca viu no salário entraves ou motivos para avançar com uma decisão. Se tivesse de recomendar um livro, «Vencer» de Jack Welch era o eleito[1]. «Fez todo o sentido quando o li, porque passava muito a mensagem da equipa, de que nós sozinhos não vamos a lado nenhum e é este o espírito do vencer». Vê-se como líder e confessa que a motivação da sua equipa funciona como uma espécie de adrenalina laboral.

---

[1] Jack Welch com Suzy Welch, *Vencer*, trad. port. de Carla Pedro, Lisboa, Atual Editora, 2005.

Diogo da Silveira
CEO da Açoreana

«Há uma palavra que está próxima da sorte e que é o timing*: estar no momento certo, no setor certo, na empresa certa».*

A paixão pela gestão e pelas empresas levou-o a conhecer setores, negócios e a assumir lugares de liderança em diferentes contextos, mas todos de elevada competitividade. Mesmo assim, sublinha, não podemos diminuir o papel das circunstâncias ou do aleatório. «Obviamente que, se a pessoa estiver bem preparada, fizer mais contactos, trabalhar mais e se esforçar mais, vai estar mais alerta, vai ter mais sucesso. No entanto, não é condição suficiente. Não conheço nenhum bom gestor que esteja num negócio mau, mas conheço muitos maus gestores em negócios bons».

Até aos 27 anos, o Portugal que Diogo da Silveira conhecia tinha um filtro especial. Aquele com que vemos uma realidade que, sendo próxima e até mesmo íntima, não é a nossa de todos os dias. Cresceu e estudou em França, onde os pais, ambos engenheiros químicos, viviam e trabalhavam, com vindas regulares a Portugal. A influência familiar fez-se sentir no percurso escolar, mas a escolha pelas ciências decorreu, desde cedo, do seu perfil objetivo e racional. É já no fim do liceu que percebe, pela primeira vez, que mais do que o universo académico lhe interessa o mundo das empresas. Um conselho atempado de um amigo da família leva-o a planear um curso de engenharia seguido de um MBA. A ponte estava estabelecida. Frequenta uma Grande École em Engenharia durante três anos e, em paralelo, dois anos em ciências económicas.

Os primeiros anos de vida profissional espelham a sua dupla aposta. Oriundo da escola francesa e a viver em França, é numa multinacional gaulesa que tem o seu primeiro emprego. É escolhido pela Lafarge e o domínio da língua portuguesa leva-o a um estágio de dois meses no Brasil com apenas 21 anos. A essa primeira experiência segue-se a Danone, no serviço de previsão de vendas. Os dois primeiros salários equivaleriam a cerca de 100 euros hoje, mas esse era um valor interessante em 1982. «Em França, existia, nesta altura, um excelente mercado de trabalho», recorda, «e pude beneficiar de um ambiente que só 10 anos depois se viveu em Portugal». Em paralelo com as primeiras incursões no mercado, inscreve-se num projeto de investigação em engenharia na Universidade de Berkeley, nos Estados Unidos. A imersão mais profunda na área técnica abre-lhe portas a propostas em empresas que atuavam em mercados muito específicos, como o dos submarinos nucleares e de placas de silício. Entra num grupo japonês onde permaneceu durante três anos, trabalhando os mercados de França, Itália e Benelux.

Os objetivos, porém, mantinham-se e permanecia o sonho do MBA. Com o INSEAD ali ao lado, era esse o destino quase óbvio de um jovem gestor. A experiência do MBA foi, como sempre antecipara, determinante. «Era, sem dúvida, um campo mais interessante que o da engenharia. Aprende-se a pensar e o enquadramento da gestão é o de resolver problemas», afirma. Em simultâneo, contacta nesse ano de 1988 com outras realidades, como a da União Europeia, que conhecia um momento de euforia. Foi presidente do Parlamento Europeu de Jovens e guardou uma memória de contacto com a sociedade civil que gostaria de repetir no futuro.

À saída do INSEAD, esperavam-no sete propostas de trabalho. E é neste mar de oportunidades que António Borges, então *dean* da escola de gestão, o apresenta a Artur Santos Silva, ativando uma etapa que estava longe de estar nos planos de Diogo da Silveira. «Nunca tinha pensado vir para Portugal. Via o país como atrasado, pobre, com menos possibilidades», refere. Adicionalmente, no ar estava aquilo que se designa por *peer pressure*. A elevada qualidade do grupo de MBAs do INSEAD, onde pontuavam nomes como Manuel Violante e mais tarde António Horta Osório, indicava-lhe como natural o compromisso com um dos grandes nomes da gestão ou das finanças, como a Goldman Sachs ou a Mckinsey.

Deste processo de seleção, acaba por resultar uma escolha… pela não escolha. Opta pela consultoria na mais prestigiada consultora, a Mckinsey, e ganha um passaporte para trabalhar nos mais apetecíveis setores da economia. Em 1989, vem para Lisboa, «à experiência», trabalhar na equipa dirigida por Manuel Violante, integrando uma equipa onde se encontravam nomes como António Viana Baptista, Gastão Taveira e Joaquim Paiva Chaves. Aceita, depois de muita insistência, um projeto com duração prevista de quatro meses, ao fim dos quais planeava regressar a Paris. Nesse mesmo ano, conhece a mulher, de origem francesa e então a trabalhar na L'Oréal. De repente, a vida volta a mudar. Decidem ambos vir para Portugal, transferindo-se dentro das respetivas multinacionais para Lisboa.

Esteve na McKinsey entre 1989 e 1997 e identificou-se com a cultura da empresa. «Tinha um estilo muito adaptado à McKinsey». Trabalha no escrtório português até 1993 e, nessa altura, estava a um ano de ser sócio. Quando nasce o primeiro filho, decide regressar a França e aí precisou de mais dois anos para chegar a *partner*. «Fui chefe de projeto em menos tempo do que o normal, fui chefe de projeto sénior em menos tempo ainda». Trabalhava muitas horas. Porque gostava, porque pedia e porque multiplicava oportunidades. «Sempre gostei do negócio internacional e tive a oportunidade – sobretudo em França – de trabalhar para empresas multinacionais. Fazia um projeto em França para a filial francesa dessa multinacional, corria bem e depois eles contratavam-me para implementar em Itália, na Suécia, na Dinamarca, na Alemanha». Vivia uma vida frenética, principalmente porque queria preservar a vida familiar. «Queria sempre dormir em casa e como há aviões de Paris para qualquer cidade cedo, apanhava voos às 7 da manhã, vários dias por semana, e voltava às 8 da noite». Uma etapa própria de quando se está no início de carreira, reconhece: «quando se tem 25 ou 30 anos, isto tudo tem *glamour* e é fantástico, hoje em dia já não penso assim».

Sai em 1997, não por estar insatisfeito, mas porque o telefone tocou com uma proposta mais interessante. É contactado por um *headhunter* que lhe liga para Paris com um convite. Do outro lado, estava um dos poucos nomes que o faria pensar duas vezes: Belmiro de Azevedo queria reformular o conselho de direção da Sonae Investimentos e procurava um terceiro vogal para trabalhar em equipa com Silva Penedo. «Na altura, não queria voltar para Portugal, tinha sofrido muito para ser sócio na McKinsey e as coisas estavam a correr muito bem. Disse-lhes para não contarem comigo». À noite, em casa, contou a proposta à mulher e ... tudo mudou. «Ela achou a ideia muito engraçada e lá vim eu às entrevistas», comenta entre risos. É contratado, mas a família não se muda logo. A mudança era arriscada: saía da consultoria para um grupo empresarial e trocava Paris pelo Porto. Na prática, a Sonae era realmente a melhor empresa para um consultor que gostava de tocar vários barcos em simultâneo, senão mesmo o único em Portugal àquela data. «Era, de novo, uma não-escolha. A Sonae incluía telecomunicações, indústria, Banco Universo, retalho, *shoppings*. Era o *dream job* para um ex-consultor».

No grupo Sonae, esperava-o um ambiente difícil. «Cheguei para uma função que no papel era fantástica, mas na realidade ninguém queria saber o que eu pensava – exceto o Eng.º Belmiro de Azevedo». A transformação que vinha operacionalizar, criando uma estrutura *corporate* à qual as *sub-holdings*, com conselhos de administração próprios, tinham de prestar contas, propiciava alguma clivagem. «Viram-me como um concorrente e foi muito duro». Ter Belmiro de Azevedo como aliado foi fundamental. Pelo caminho, conquistou outros. «Algumas pessoas apreciaram a minha maneira de ser, a forma como eu entrei, respeitando muito, tentando ouvir... Acho que todo o sucesso que possa ter tido ao longo dos anos se deve a saber ouvir».

No mercado, o ambiente não podia ser mais desafiante. «Foi uma época fantástica. Tive a sorte de ter sido administrador de todas as *sub-holdings* exceto na imobiliária (hoje Sierra)». Não chegou a permanecer um ano na *holding* Sonae Investimentos, tendo sido nomeado para a administração da Modelo Continente, onde ficou mais um ano, liderando todos os formatos não-alimentares. Quando a Sonae assina acordo com France Telecom para o lançamento da Novis e do Clix, é, aos 39 anos, nomeado CEO da empresa, onde fica entre 1999 e 2001. Ser número 1 trouxe-lhe vários ensinamentos. «Escolhi pessoas competentes (o que foi boa ideia), escolhi pessoas de confiança (o que também foi boa ideia) mas éramos todos iguais (isto foi uma má ideia). Éramos todos iguais, pensávamos todos da mesma forma e não havia complementaridade». Para quem acredita que na vida a competição construtiva nos faz crescer, esta foi uma lição poderosa. «A cooperação é fundamental, mas baseada na heterogeneidade e em diferentes pontos de vista».

Em 2001 é a vez de acorrer à Sonae Indústria, integrando uma nova equipa de gestão liderada por Carlos Moreira da Silva, e assume a presidência de uma empresa líder do setor, recém-comprada em França. Liderar a Isoroy, um grupo de 2500 pessoas repartidas por 11 fábricas, aos 40 anos, já é desafiante, mas sendo de origem portuguesa a operar em França ainda o é mais.

Fica na Sonae até 2004 e sai com um convite de João Talone, então à frente dos destinos da EDP, para liderar a Oni, empresa que integrava o portefólio da elétrica. Pela frente, tem um desafio complicado. «As coisas não estavam só difíceis para a Oni, estavam difíceis para todos. Fui para a Oni com o *briefing* de reestruturar e vender e penso que tivemos algum sucesso», conta.

Terminada a missão na Oni, conclui que é tempo de sair e, em 2006, faz a sua primeira paragem sabática. «Parei para pensar. Primeiro, porque, pela primeira vez, tive uma ideia diferente sobre o que podia ser o meu futuro. Sempre admirei pessoas empreendedoras e quis avaliar várias possibilidades. Nesses quatro meses, tive contactos com o Grupo Banif e é na sequência dessas conversas que sou convidado para administrador do banco». Menos de um ano depois de integrar a comissão executiva, é convidado para liderar a seguradora do grupo, a Açoreana. Na Açoreana, após iniciado um plano de reestruturação e crescimento, adquiriu a Global e a Global Vida, duplicando assim o tamanho da aposta do Grupo nos seguros (8% da quota de mercado).

O seu percurso não o impede de pensar que «sem sorte ninguém tem sucesso». Ou talvez seja outra coisa: «há uma palavra que está próxima da sorte e que é o *timing*: estar no momento certo, no setor certo, na empresa certa».

Eduardo Moradas
BES

«Somos nós que fabricamos a sorte. Esforço e talento são fundamentais».

> As empresas fizeram sempre parte do seu universo. Ainda na escola, era aí que se projetava – sonhava gerir organizações, liderar equipas, tomar decisões ... «para o bem e para o mal». E era nisso que já pensava quando ingressou no ano zero do curso de Gestão na Universidade Católica.

À vocação para gerir, somou uma apetência para o estudo: Eduardo Moradas concluiu a licenciatura com 17 valores e ganhou o Prémio Salvador Caetano para o melhor aluno de Gestão do país em 1988. Mas, nesta altura, pouco tinha provado e sabia que ser bom aluno e bom gestor não eram necessariamente sinónimos. O percurso académico tinha, todavia, deixado uma lição para a vida: que havia relação entre esforço e recompensa.

Entrou no mercado de trabalho em 1988, «uma época de todas as esperanças e oportunidades» em Portugal. A sua primeira oportunidade surgiu pela porta da Roland Berger, empresa alemã de consultoria de gestão, que, na altura, se lançava no mercado português e onde começou a carreira como consultor, ao mesmo tempo que lecionava na Universidade Católica, como professor assistente. Esta via paralela abriu-lhe horizontes que na licenciatura apenas vislumbrara. O convívio e o debate de ideias com professores como Alexandre Relvas, Fernando Nascimento, Aníbal Pires, Miguel Athayde Marques e Jorge Vasconcellos e Sá estimulava-o a ter ideias novas e a acarinhar a noção de empreendedorismo.

A opção pela consultoria fora igualmente planeada. «Era uma atividade que me permitia lidar com várias organizações e contactar com o *senior management*.

Ia aprender na prática o que se ensinava nas escolas de gestão». Fez esta escola prática durante três anos e meio. «Foi fascinante fazer parte da equipa fundadora da Roland Berger em Portugal, ao lado de nomes como Rui Leão Martinho ou António Bernardo, como líderes, ou Joaquim Goes ou Paulo Morgado, então jovens colegas consultores», afirma.

A atividade da consultora em Portugal tornou-se um caso de sucesso mundial em tempo recorde. O trabalho na Roland Berger permitiu-lhe ainda desenvolver a sua experiência internacional, uma vez que trabalhou com consultores de diversas nacionalidades, em vários países, nomeadamente Itália, Espanha e Alemanha.

A atividade profissional foi suspensa de forma planeada, quando decidiu frequentar um MBA. «Queria estudar numa escola internacional que me permitisse desenvolver ainda mais as minhas capacidades e conviver e trabalhar com pessoas com experiências profissionais e de vida distintas», conta. Por essa razão, optou pelo INSEAD, em Fontainebleau. A experiência durou um ano, que classifica como um dos melhores da vida adulta. O então reitor António Borges não deixou a sua máxima por mãos alheias: «*let's work hard and play hard*» – e as duas vertentes foram plenamente cumpridas.

No regresso à vida profissional, pode escolher. Banca de investimento, em Londres ou em Lisboa, bens de consumo ou consultoria, de novo. Reincidiu, agora com a camisola da McKinsey & Co. Com a experiência profissional anterior e a formação obtida no INSEAD, a curva foi rapidamente ascendente. «A Mckinsey foi uma empresa onde adorei trabalhar: um excelente ambiente de trabalho, uma cultura de grande profissionalismo e exigência e a filosofia permanente de '*client first*'». De entre os vários nomes com quem trabalhou, hoje incontornáveis na gestão em Portugal, destaca Manuel da Silva Violante, uma referência do escritório de Lisboa. Um cenário de grande estímulo intelectual, onde apenas faltava a possibilidade de poder implementar as propostas apresentadas aos clientes e de responder pelos resultados alcançados.

O convite do Grupo Espírito Santo, em 1996, para o qual trabalhara como consultor nos negócios de banca e de seguros, chegava assim na hora certa. Estava pronto para fazer o que sempre quisera fazer: gerir e assumir os riscos dessa atividade. O desenvolvimento do negócio na área comercial da Tranquilidade, a seguradora do Grupo Espírito Santo, era uma oportunidade que não podia desperdiçar. A sua progressão na seguradora é rápida. Em 1996, assume a direção comercial sul, a que registava uma *performance* mais crítica na empresa, e fica responsável por uma equipa de 200 pessoas. Reorganiza a equipa, a rede de agentes e, pela primeira vez, o «patinho feio» batia a estrela da companhia, a direção do norte do país. Dois anos depois, é diretor de exploração nacional, função que acumula com o marketing de canais e posteriormente com as operações e os recursos humanos de toda a organização. A Tranquilidade lança, nesse período, um conceito inovador de *franchise* nos seguros, que alinha os agentes de seguros e respetivos resultados com a estratégia e os objetivos da companhia. Desenha-se um perfil moderno de «gestor de seguros» e o lugar torna-se «*sexy*» para uma nova geração de profissionais do setor. A rede cresce e, em apenas três anos, soma 50 *franchisados* Tranquilidade, cujos resultados contribuiam para 66% do crescimento da companhia. Com uma nova dinâmica no negócio, a Tranquilidade inverte os papéis clássicos entre a banca e seguros e desenvolve o conceito então absolutamente inovador de *Assurfinance*: passa a angariar clientes para o negócio bancário, no que se tornou um *case study* mundial. «Em pouco mais de dois anos, conseguimos que 13% da angariação de novos clientes de crédito à habitação do BES tivesse origem nos seguros», relata. No atendimento, a filosofia era também reformulada e *os call-centers* passavam a introduzir processos de CRM. Em 2000, integra o Conselho de Administração e torna-se o então mais jovem administrador de sempre da seguradora.

Com trabalho feito na Tranquilidade, é tempo de assumir uma nova experiência: em 2004 é convidado para administrador do BIC, o banco do Grupo Espírito Santo que desenvolvia uma parte muito importante do negócio de crédito imobiliário do Grupo, onde assume os pelouros comercial sul e de marketing.

Após uma reestruturação que conduziu à integração do negócio do BIC no BES, é-lhe apresentado o Projeto Ibéria e proposto o lugar de diretor-geral na sucursal do BES em Espanha, sedeada em Madrid, no âmbito de alterações estratégicas que se pretendiam introduzir na atividade do banco no país vizinho. «Trabalhar de novo fora de Portugal, com o aliciante de ter pela frente um *turnaround* da operação, foram fatores decisivos», explica.

Depois de três anos e meio em Madrid, recai sobre si a escolha para liderar um novo projeto do Grupo: ser CEO do banco recém-adquirido na Líbia em 2010. Um desafio a um mesmo tempo aliciante e exigente: assumir a liderança de uma organização num país que, apesar de próximo geograficamente, possui uma cultura de negócios muito distinta, e no qual as oportunidades de desenvolvimento do negócio, a par com as dificuldades, são imensas.

Para Eduardo Moradas, esta foi mais uma etapa num trajeto que tem confirmado a convicção que traz desde os tempos da escola: «somos nós que fabricamos a sorte, o esforço e o talento são fundamentais».

João Costa
Matutano

«Escolhe um trabalho que ames e nunca mais terás de trabalhar na vida».

Aluno de 19 a Matemática, começou a trabalhar aos 15 anos, mais por vontade de independência do que por necessidade. Antes de procurar emprego teve um negócio, mas acabou por ser no marketing que descobriu aquilo que mais gosta de fazer. A sua personalidade colou-se bem às marcas que defende, o que faz dele um *challenger* convicto.

Nasceu em Lisboa, mas gosta de acreditar que foi por engano. As suas raízes estão no Alentejo, para onde foi viver com três dias e onde passou boa parte da infância. Ganhou o espírito da terra e, é de crer, também qualquer coisa do sotaque – é assim que no Liceu Camões ganhou o cognome de «O Alentejano». No conjunto das disciplinas, não se destacava como um excelente aluno – mas a Matemática era o seu mundo. Tanto que, mais tarde no ISCTE, viria a ser o melhor aluno na disciplina com 19 valores.

Começou a trabalhar aos 15 anos, numa loja na Baixa em Lisboa. Nada o obrigava, mas sabia-lhe bem a independência de ganhar dinheiro. O patrão gostou dele e, depois das férias, desafiava-o para trabalhar aos sábados e ir somando mais uns trocos. Nessa altura, a ideia de carreira ainda era longínqua. Teve uma primeira inspiração a partir da experiência de um amigo, mais velho, que trabalhava na Colgate em Londres e que um dia lhe ofereceu um livro de Peter Drucker sobre gestão. Vislumbrou aí a primeira faísca que o podia levar a escolher o seu caminho, mas não passava de conjeturas.

Durante a universidade, manteve trabalhos temporários, deu explicações, foi fazer vindimas à Suíça. Quando terminou o curso, não procurou emprego – abriu um negócio. Um quiosque no Parque de Campismo de Melides, onde vendia de tudo. O «estudo de mercado» foi meramente empírico – «ninguém ali vendia nada» – e a aposta revelou-se certeira. No fim do verão, João Costa e o sócio lucravam 500 contos (cerca de 2500 euros) com o seu empreendedorismo, palavra que à época nada dizia. Era um negócio e tinha corrido bem.

Chegava o tempo de entrar no mercado de trabalho «a sério» e a farmacêutica Schering-Plough foi o seu destino para um estágio de seis meses. Um mês nos Recursos Humanos e cinco meses no Marketing. O percurso é de novo interrompido com a ida para a tropa e aí aprende a primeira grande lição de liderança. «Sob a minha liderança ou sob a minha autoridade? Na tropa esta questão é muito clara e lá, como nas empresas, é uma pergunta a que muitos não sabem responder», afirma.

Responde a anúncios, vai a entrevistas e o ponto de paragem seguinte é a Beiersdorf. Uma empresa de grande consumo, bem à medida da sua principal vocação. Entra como *product manager* em substituição de um primeiro candidato escolhido que desistiu. Estava numa das escolas de consumo, mas rapidamente perceberia que nem tudo iria ser como imaginara. «Pode dizer-se que me saiu o tiro ao lado, pois fiquei a gerir as fitas adesivas, que estava longe de ser um dos produtos de maior dinamismo», observa.

O produto podia não ser estrela, mas as pessoas que o rodeavam, nomeadamente as que estavam em níveis acima de si, criaram-lhe um ambiente propício a crescer. «Tive a sorte de trabalhar com profissionais que me atiravam para a frente», recorda hoje.

Depois de três anos na Beiersdorf, iniciou uma nova etapa na JCDecaux. Já não procurou emprego – recebeu convite para formar o departamento comercial, como diretor-adjunto. «Em vez de vender produtos tangíveis, ia vender conceitos e isso agradou-me muito», relata. Em paralelo com a mudança, decide inscrever-se num MBA e é nesse percurso que uma empresa de *headhunting* lhe apresenta a proposta com que sonhava desde os bancos da faculdade: o marketing da Pepsi. Pessoa certa, o sítio certo, mas o momento errado. Estava a meio do MBA, tinha um compromisso com a JCDecaux e o convite é declinado.

Para quem acredita que a sorte não bate duas vezes à mesma porta, João Costa é um forte argumento de dissuasão. Porque, no seu caso, bateu mesmo. O processo com a empresa de *executive search* e com a própria Pepsi tinha sido bem conduzido e a porta ficara aberta. Quando lhe é proposta, após terminar o MBA, a direção de marketing da Matutano, empresa do grupo PepsiCo focada no mercado dos *snacks* alimentares, não hesitou.

Entre 1994 e 1997, atravessa um período de grande aprendizagem e também de exercício de autonomia. A Matutano reposiciona produtos, lança em Portugal a sua marca líder – Lays – e João Costa tem oportunidade de sentir a vertigem do marketing de consumo com que sempre sonhara. Em 1997, recebe um convite para mudar de camisola dentro do mesmo conglomerado. O desafio chamava-se de novo Pepsi e o lugar oferecido era de *franchise diretor* para Portugal. O sucesso alcançado na Matutano, a equipa que comandava e a dinâmica de liderança que entretanto consolidara, todos estes argumentos o faziam decidir-se pelo não. E era essa a resposta que levava na bagagem para a reunião em Londres com o presidente europeu do negócio de bebidas do grupo.

Em Londres muda de ideias e aceita. O presidente europeu que o convence é, três dias mais tarde, nomeado presidente mundial da Pepsi International. Não há sorte nem coincidências – há uma sucessão de eventos.

Ao nível internacional, começa por desempenhar funções muito ligadas ao posicionamento da marca e com pouca componente de operacionalização. Vive-se o auge da guerra das colas e a Pepsi, eterna *challenger* da Coca-Cola, lança conceitos disruptivos no mercado. O Pepsi Challenge é um deles, com efeitos palpáveis na perceção da marca. Ao mesmo tempo, a marca inicia uma aposta em segmentos até aí não explorados, como o patrocínio à liga milionária de basquetebol nos Estados Unidos, a mítica NBA. É marketing em estado puro e João Costa vive esses tempos com intensidade.

Do posicionamento à operacionalização é o passo que se segue, com a nomeação para vice-presidente de marketing da Pepsi para a Europa Central, na Pepsi Américas (o 2.º maior engarrafador da Pepsi a nível mundial). A tarefa é pôr a empresa a ganhar dinheiro na região – em 2003, atinge o *break-even* num processo avaliado como exemplar.

No ano seguinte, João Costa está de regresso a casa, como Diretor-Geral da PepsiCo Portugal. A multinacional já o ganhara em duas vertentes opostas. «Se o marketing da Pepsi sempre me fascinou, a operacionalização inerente ao negócio Matutano conquistou-me», afirma.

Em 2011, é nomeado diretor geral ibérico da PepsiCo Bebidas, dividindo o seu tempo entre Madrid e Lisboa.

Hoje, vê-se como um líder, mas sempre num contexto de equipa: «ser o sol no meio das estrelas». Não há receitas infalíveis e a sorte é uma variável que não entra nas contas de um gestor com distinção na matemática. O que importa mesmo é a paixão pelo que se faz. O seu lema: «escolhe um trabalho que ames e nunca mais terás de trabalhar na vida».

João Leandro
Axa

«Sempre abordei cada função como se fosse "a" função».

A história de João Leandro, atual CEO da AXA, é de de sucesso, é certo, mas à sua maneira, segundo as suas regras. Que implicaram sempre um equilíbrio entre as opções profissionais e pessoais. Porque a vida é mais do que a soma das partes que vivemos.

Nasceu na Póvoa de Varzim, em 1955, mas a sua infância é construída de memórias de Trás-os-Montes, nos anos 60. O pai, funcionário público, foi colocado como chefe de secretaria da escola industrial de Bragança e foi aí que a família cresceu. À época da mudança, João Leandro era o mais velho de quatro irmãos; seriam sete com o passar dos anos.

Ser o mais velho há 50 anos numa família fixada na província significava várias coisas. A primeira, talvez a mais importante, é que tinha sobre ele a responsabilidade, a segunda na hierarquia a seguir aos pais, de tomar conta dos mais novos. Para João Leandro, significou que começou cedo a tomar decisões. «Hoje olho para o meu neto com cinco anos e penso como era possível que, com pouco mais do que a idade dele, eu pudesse decidir sobre a vida de outras pessoas», reflete. A verdade é que o fez.

Gostava de estudar, era bom aluno e desde cedo que o pai reparou nas suas capacidades. Talvez por isso lhe colocou a fasquia elevada: teria de fazer tudo «logo à primeira», o que significava que não havia chumbos nem indolências. Com o pai partilhava outra cumplicidade: a paixão pelas notícias. «Aos sete anos, já lia o jornal de uma ponta à outra», relata divertido. E é também por isso que recorda essa noite em que o mundo soube que o presidente Kennedy tinha sido assassinado. «O meu pai estava a ouvir a notícia na rádio e acordou-me, para que eu pudesse também acompanhar».

Não será, por isso, de estranhar que, no liceu, à margem do futebol que o fazia andar de terra em terra nas excursões da equipa, imaginasse que o seu futuro passaria pelo jornalismo. A família mudara-se, entretanto, para Moncorvo e o pai abrira aí a primeira livraria da terra. Boas notícias para João Leandro e para as suas aspirações literárias – entre os 14 e os 16 anos, lia um livro por dia. Em casa, beneficiava também de um ambiente aberto ao mundo, fruto do convívio com professores. Nomes como o de Fernando Assis Pacheco e A.M. Pires Cabral passaram pela morada da família Leandro e o mais velho dos irmãos aproveitava cada momento.

Quando chegou a hora de ir para a universidade, o curso de Direito afigurava--se o mais consensual, tendo em conta as motivações intelectuais e necessidades práticas. O jornalismo como modo de vida era uma miragem, mas qualquer uma das duas opções acabaria por ser desmontada, pelo facto de não existir a disciplina de Latim no colégio que frequentava. «Por exclusão de partes, sobrou a Economia», conclui.

Entra na Faculdade de Economia da Universidade do Porto com uma média de 15 e vai atrás dos grandes temas – a macro-economia é o seu ângulo de interesse no curso, por aí vislumbrar uma perspetiva mais aberta sobre todos os outros assuntos que o interessavam. Do pai continuava a receber o maior alento: «via--me como um herói, mas, na verdade, ele era o verdadeiro super-herói, porque sempre me disse que eu era capaz».

É na faculdade que tem o seu primeiro emprego. Começa por ser um *part-time* na associação de estudantes, como gráfico no apoio ao serviço de fotocópias; acaba a trabalhar 10 horas por dia, em complemento com os estudos. Quando termina o curso, o biscate tinha crescido para uma empresa com um parque de máquinas que prestava serviço a toda a universidade.

Pelo meio, casa-se, tem uma filha e o dinheiro começa a ser curto para sustentar a família. Quando o curso acaba, tem urgência em trabalhar e responde a um anúncio de uma companhia de seguros, a Garantia, para o ramo de sinistros automóveis. Não sabia nada de seguros e não compreendia o negócio. «Onde é que está o cliente?», perguntava-se, enquanto procurava perceber o xadrez onde tinha acabado de entrar. A sua perceção de que era preciso fazer diferente transformou um emprego aparentemente desinteressante num desafio. O primeiro ordenado na associação de estudantes, no valor de 5 contos (cerca de 25 euros), duplicava então para 10 contos.

A sua proatividade deu nas vistas numa companhia com processos rígidos. «Era um tempo diferente. Quando era preciso uma fotocópia de um processo, havia um departamento que o fazia. A primeira vez que resolvi tratar eu mesmo das fotocópias, recebi um sermão do responsável pelo serviço, porque não era assim que as coisas se faziam».

Continuou a seguir a sua intuição e a procurar soluções e caminhos novos. Dois anos depois, era promovido a sub-chefe de secção. Trouxe para o negócio as práticas de gestão das pessoas inovadoras: dedicava um dia por mês a cada pessoa da equipa, para validar *performance* e objetivos. Queria medir o pulso e queria ajudar a resolver. «Sempre abordei cada função que desempenhei como se fosse "a" função e por isso sempre me auto-motivei», diz.

É também nesse tempo que sente necessidade de saber mais sobre a "máquina" dos seguros e decide então frequentar um curso de especialização. O rapaz que lia um livro por dia sente-se como peixe na água no meio dos manuais e regras do setor. A administração da Garantia premeia o seu empenho: em 1985, é nomeado diretor do ramo automóvel, na área de sinistros.

Seguem-se anos velozes que vão mudar a arquitetura dos seguros em Portugal. A UAP compra a Garantia e, nesse processo, é chamado pela primeira vez a integrar a Comissão Executiva. Segue-se a compra da Aliança Seguradora e, em poucos anos, João Leandro já não é um funcionário de uma seguradora do norte do país: está na linha da frente de um dos maiores grupos nacionais. O que era, de alguma forma, uma situação inusitada para o seu caráter: «não sou um *networker*; sou um homem do Porto que, por natureza, não gosta de protagonismos». Com ou sem *networking*, está exposto. Recebe convites para mudar de camisola pelo menos uma vez por ano. Sente-se bem onde está – a família vive na sua terra de origem, Póvoa de Varzim, tem uma rotina construída que lhe dá equilíbrio. Razão que o leva a recusar um primeiro convite para a vice-presidência do grupo que o obrigava a deslocar a vida para Lisboa. Viria a aceitar um segundo convite para o lugar, numa época especialmente difícil da sua vida, quando familiarmente vivia lado a lado com uma doença severa da mulher. «As minhas condições foram claras: eu faria o lugar com o mesmo sentimento de dever que sempre tive, mas, todas as vezes que tivesse de prestar assistência à minha família, essa seria a minha escolha e que ninguém tivesse dúvidas disso».

No seu percurso, recorda como fundamentais duas etapas: o seu desempenho à frente do planeamento e controlo de gestão, áreas sob a sua alçada que o ajudaram a «perceber a empresa no seu conjunto», e, mais tarde, a aprendizagem com um dos presidentes da empresa, o brasileiro Fernando Caldeira, que não hesita em classificar como o seu «mentor. «Foi um gestor dos mais modernos e visionários que conheci».

Ao longo do caminho, não se projetou na liderança. Admite que talvez fosse por um «mecanismo de pudor». Quando aconteceu, à semelhança de tantos, sentiu o isolamento do lugar. «É um fim de linha. Depois de nós, não há mais ninguém, o que decidirmos mal, fomos nós que decidimos». Começara a tomar decisões cedo, recordemos, e, mesmo sem o saber, isso terá ajudado.

Hoje considera-se um líder. Que trabalhou muito para chegar à liderança. «O sucesso tem a ver com valores e princípios e tem a ver com trabalho. E quando se lidera, é preciso perceber que qualquer pessoa na organização pode dar sempre algo mais». Acredita que o exemplo é a melhor forma de liderar e continua a inspirar-se nos livros de cabeceira que o pai o incentivou a ler. Eça de Queirós, Fernando Namora, Alves Redol e Jorge Amado são alguns dos seus consultores estratégicos.

Jorge Martins
CEO Martifer

«Éramos uma startup *que não tinha nada, só o sonho».*

Na boa tradição americana de celebrar o sucesso, a história de Jorge e do irmão Carlos já teria dado um filme. Tem todos os ingredientes: uma família de origens humildes, numa aldeia desencontrada dos epicentros políticos, económicos e culturais, dois rapazes com ambição, a escola e o trabalho árduo como rampa para a fama e a fortuna.

Os dois rapazes são portugueses, têm o comum apelido de Martins, nasceram na aldeia de Pessegueiro do Vouga e são fundadores e acionistas de uma das empresas mais lucrativas da primeira década do século XXI. Juntos construíram a Martifer, provavelmente o «gigante» português mais inesperado da primeira década do século XXI. Entre a pós-Expo e a antecâmara do Euro 2004, a Martifer deixou de ser uma pequena empresa e juntou-se ao clube dos grandes.

É difícil falar do percurso de um dos irmãos Martins sem contar com o do outro. Quase se diria que o traçaram a régua e esquadro, começando pela escolha dos cursos. «A minha primeira influência foi o Carlos ter escolhido engenharia. Eu até queria ser engenheiro, mas, pela lógica da complementaridade, fui para economia», ilustra Jorge Martins.

A verdade é que estes dois irmãos são mais do que família, sócios ou amigos, sendo talvez um misto de todas essas relações. Começaram a ter contacto com o mundo do trabalho muito cedo. Cresceram numa família que tinha aviários e que os envolvia nas atividades do campo, um complemento ao orçamento doméstico. Da ajuda nos afazeres da família, os dois irmãos passaram, ainda na adolescência, para um nível mais profissional, com trabalho nas obras durante as férias. Nascia aí o «bichinho» de um dia serem sócios e patrões. «Não tínhamos nada previamente definido, mas havia a ideia de que um dia faríamos a nossa empresa». Nesses trabalhos nas férias, os Martins tinham sempre muita aceitação pelos empreiteiros com quem trabalhavam e acabavam sempre a liderar as equipas. Lançaram aí os alicerces de confiança no trabalho que faziam e que, aliados à formação que iriam alcançar, desenhou a base para criarem a sua empresa.

Mas antes, percorreram outros corredores. Ainda como trabalhador-estudante, Jorge Martins teve o seu primeiro emprego na Socarpor, a Sociedade de Cargas Portuárias, em Matosinhos. Era adjunto do diretor administrativo e financeiro e ainda estava no início do quarto ano da faculdade.

O primeiro salário, com senhas de refeição incluídas, foi 120 contos (aproximadamente 600 euros), em 1987. Não estava nada mal para a época e era possível por se tratar de um setor que então pagava bem. «Apesar de não ganhar mal, dentro da empresa estava no fundo da lista», conta Jorge Martins. Não ficou muito tempo: «trabalhei lá até ao dia em que bati à porta do gerente, para lhe dizer que ia criar a minha empresa». Vivia-se então o ano de 1989. «Quando me despedi, foi para criar a Martifer. Mas, durante os últimos meses que trabalhei, tive os bancos todos a convidar-me para trabalhar – o que era uma bonita profissão na altura».

Como se começava uma empresa sem negócio de família nem grande experiência de mercado? «Não tinha nenhum negócio concreto em mente», admite Jorge Martins. E também não tinha a certeza se teria ou não sócio. O irmão Carlos, que acabara o curso dois anos antes, trabalhava para a empresa do sogro, a Carvalho & Nogueira, onde foi criar o departamento de estruturas metálicas. Um dia, depois de várias conversas, Carlos chegou a casa e disse que se tinha despedido. Na segunda-feira seguinte, Jorge despedia-se também. «Continuávamos sem saber exatamente o que íamos fazer, mas obviamente tratava-se de metalomecânica, era o *know-how* que tínhamos adquirido».

A Martifer foi fundada a 21 de fevereiro de 1990. Começou por ser uma fábrica pequena, com 1000 m². No primeiro ano, a empresa ocupou 18 pessoas. As primeiras obras foram acontecendo e as parcerias também. «Éramos uma *startup* que não tinha nada, só o sonho». Quando os sócios assinaram os primeiros contratos, formalmente a Martifer nem existia. «Fomos alugar umas instalações dentro de uma serralharia».

Duma empresa que conheciam bem, a Tegopi, veio um empurrão de lançamento. «O presidente do conselho de administração dessa empresa visitou-nos e viu o milagre que nós fazíamos. Num espaço tão pequeno, conseguíamos fazer estruturas a preços altamente competitivos». Com menos tecnologia e a pagar mais caro pelas matérias-primas, a Martifer fazia chegar ao mercado produtos a preços mais competitivos. «Os outros não tinham a motivação das pessoas e a garra que nós tínhamos. A diferença era a forma como estávamos organizados e a transpiração que colocávamos».

Carlos e Jorge Martins faziam de tudo. «O Carlos fazia toda a parte comercial e de gestão da fábrica e, nessa altura, a empresa precisava de um economista apenas um dia por mês. Eu, como também tinha experiência em obras, acabava por fazer tudo... soldava, pintava, operava as gruas», relata Jorge.

Recém-licenciado e com os colegas de faculdade a trabalhar em bancos, Jorge Martins diz que nunca teve emoções de desconforto. «Como já era um hábito trabalhar na obra, nunca foi um problema entrar numa reunião com calos e tinta nas mãos».

A Martifer traçou uma curva ascendente, com apenas um sobressalto a meio. Durante 16 anos, registou um crescimento médio de 30% ao ano. De 1997 a 1999, a taxa de crescimento disparou para 80% de crescimento. Entretanto, acontece uma Expo 98, que empurra a empresa para um crescimento superior a 100%.

Entre o pós-Expo e a antecâmara do Euro 2004, a Martifer deixa de ser uma pequena empresa e junta-se ao clube dos grandes. As grandes obras da Expo 98 foram feitas por empresas espanholas, cabendo à empresa dos irmãos Martins apenas uma fatia secundária. Mas, quando chegou a hora do Euro 2004, os estádios levaram já a assinatura da Martifer. «Houve uma mudança de paradigma no mercado nacional: a Martifer passou a ser o líder visível do mercado e as grandes obras começam a ser feitas por nós».

Os primeiros anos foram particularmente difíceis. «Tivemos vários incidentes com clientes que nos caíram nas mãos com incumprimento de pagamentos». Jorge Martins recorda dessa época um episódio particular: «Lembro-me da expressão de um fornecedor nosso, numa altura em que os bancos não emprestavam dinheiro, os clientes não pagavam e os fornecedores queriam receber a pronto. Dizia ele: 'Isto é mesmo assim. Se fosse fácil, qualquer pessoa era empresária".

O ritmo de trabalho era acelerado. Doze horas era o normal: das oito da manhã às oito da noite. «Houve uma altura em que até dormíamos na fábrica», lembra Jorge Martins.

Em 1998, um dos grandes nomes da construção em Portugal, a Engil, comprou uma participação na Martifer. Com o negócio, nomeou administradores não-executivos para acompanhar a empresa, mas nunca colocou um administrador executivo. Os irmãos mantinham a autonomia do ponto de vista de gestão e financeiro. «Sempre soubemos conduzir o crescimento da empresa não dependendo da Mota-Engil, mas aproveitando as sinergias com os novos acionistas». A participação da Engil começou nos 60%, cresceu para 70% e, depois com a OPA que deu origem à Mota-Engil, acabou por ser se fixar numa parceria de 50-50. Com a entrada da Martifer em Bolsa, em 2008, a participação diminuiu para os 37,5%.

A internacionalização foi um dos grandes marcos no crescimento da empresa. Depois do Euro 2004, as possibilidades de crescimento em Portugal começam a esgotar-se e Espanha surgiu como o destino de expansão óbvio. «A presença no mercado vizinho serviu, durante os primeiros quatro anos, para fazermos «a travessia do deserto», porque toda a gente se queixa de que Espanha é um mercado altamente protecionista». A Martifer foi afirmando a sua posição e hoje é regularmente contratada em Espanha.

Depois do *boom* associado à construção dos estádios do Euro 2004 e do arranque da internacionalização, Jorge e Carlos Martins começaram a pensar no que poderiam fazer, para além de estruturas metálicas. É assim que, em novembro de 2003, entram no segmento das torres eólicas. «Era uma continuidade natural da nossa experiência na metalomecânica e significava a entrada num setor apetecível, o das energias renováveis».

Do ponto de vista pessoal, Jorge Martins foi também redesenhando novas metas. «A empresa precisava de MBAs e eu decidi dar o exemplo e abrir a porta para que os outros também o fizessem». Foram tempos curiosos, recorda. «Em 1999, quando entrei no MBA, ninguém da minha turma conhecia a Martifer. Na segunda aula, já toda a gente tinha visto uma obra ou um camião da Martifer».

Até 2007, ano de lançamento da Martifer em Bolsa, Jorge foi sempre o CFO, em «dobradinha» com o CEO, Carlos. Soube que seria o próximo CEO três meses antes do facto. «Fui CEO em 2009, depois de dois anos de experiência na bolsa». A decisão decorre de uma reorganização estratégica dos negócios da empresa e da vontade de Carlos Martins em se dedicar a uma nova área. Até então, Jorge nunca pensara ser CEO: «achava que essa oportunidade já tinha passado. Não havia a perspetiva de o Carlos se reformar e eu ficar – se nos reformássemos, seria os dois em simultâneo».

Na vida de todos os dias, as mudanças não foram assim tantas. Mantém rotinas, mantém o ritmo, mas tem agora mais exposição e protagonismo. Acredita, porém, que esta é uma evolução natural e que resulta de muito trabalho já realizado. A sorte, enquanto fator de decisão, não entra nesta contabilidade. «Trabalhar 12 horas por dia dá muita sorte. A sorte é juntar a preparação com a oportunidade: quando estamos preparados e a oportunidade surge, nós sabemos identificá-la e aproveitá-la».

José Joaquim Oliveira
Administrador delegado da IBM Portugal

«Mesmo depois de ser nomeado administrador era um dos mais ativos vendedores da IBM e ainda sou!»

José Joaquim de Oliveira nasceu numa década em que os computadores muito pouco tinham a ver com o que são hoje. Foi um jovem do tempo da revolução e diz com graça que o 25 de abril o apanhou «a dormir». Literalmente. O gosto pela programação levou-o a tentar a sorte na IBM, mas não foi suficiente para segurá-lo numa carreira técnica. Trocou o curso superior em engenharia eletrotécnica pela formação na empresa de que se tornou líder.

Em jovem, nunca imaginou que seria um gestor. Entrou no curso de engenharia eletrotécnica no Instituto Superior de Engenharia em Lisboa (antigo Instituto Industrial), em 1971. Enquanto estudava, ia fazendo alguns cursos de programação e, como «até tinha algum jeito», sabia que a IBM o tinha «debaixo de olho». Foi «fisgado» pelo serviço de informática do exército que, na época, possuía computadores da IBM. Não havia nos anos 70 muitas pessoas que percebessem o funcionamento daquelas máquinas e acabou por ser integrado naquele serviço.

Tinha pouco mais de um ano de serviço militar, quando se dá a Revolução. «O 25 de abril apanhou-me a dormir!», afirma com graça. «Andava em casa de amigos, discotecas e tal... Quando me deitei, não tinha dado por nada. Fui acordado pela minha mãe a dizer que havia uma revolução». Com a revolução tudo muda e a vida de José, tal como a do país, preparava-se para um momento de grande efervescência. Em 1975, entra para a IBM. «Fiz uns testes psicotécnicos e saí-me bem!». Na IBM, era um dos mais novos da empresa na altura. Do seu primeiro ordenado não se lembra, mas arrisca dizer que «o salário era muito baixo». Afinal, viviam-se os dias conturbados do PREC.

O percurso inicial foi eminentemente na área técnica e é aí que acaba por ficar cerca de oito anos. Em finais dos anos 70, a IBM tinha em Portugal cerca de 300 trabalhadores e o diretor-geral – cargo equivalente ao que José hoje ocupa – já sabia quem ele era. Tal como acontece hoje, a empresa promovia o acompanhamento dos seus talentos, que continua a ser uma das bandeiras da multinacional. «Senti que comecei a ser acompanhado de outra maneira, de tal forma que isso dá origem à mudança na minha vida profissional». José Joaquim Oliveira tinha o perfil do «técnico» que sempre nutriu um gosto especial pela matemática e pela lógica. «Via-me a fazer uma carreira nessa área, gostava do que fazia, sentia-me bem, confortável. Não tinha qualquer plano e nem sequer admitia a possibilidade de vir a fazer uma coisa diferente», conta. Estava enganado.

Quando surgem duas vagas na IBM, respetivamente no departamento de vendas e no suporte técnico a clientes, José Joaquim Oliveira sentiu o apelo da mudança e concorre à que mais naturalmente se enquadrava nas suas escolhas: suporte técnico. «Eram lugares muito apetecíveis, mais bem remunerados e ligados aos clientes», recorda. Corria o ano de 1980 e tinha 29 anos.

Um dos seus diretores da altura, responsável pela área comercial, trocou-lhe os planos. Ao invés de ficar com o lugar técnico, propõe-lhe que fique com o lugar de vendas. «Tivemos ali um debate durante uns minutos largos. Queria o lugar, mas não queria vendas e usei a argumentação de que fui capaz, enquanto tentavam convencer-me de que eu tinha potencial para fazer uma boa carreira na área comercial». Foi desafiado para que experimentasse a função durante um ano e, se ao fim desse período não se sentisse confortável ou não tivesse resultados, teria o lugar de técnico assegurado. «Achei que era uma proposta razoável e aceitei o desafio», lembra.

Acabou por ser integrado numa equipa de quatro vendedores mais experientes e, uma vez mais, era o mais novo do grupo. Enuncia as caraterísticas dos seus companheiros de venda com detalhe. O «cerebral», o «estratega», «o agressivo» e o «experiente»... Não hesita em afirmar que aprendeu muito com todos eles. «Era uma equipa fantástica e eram todos excelentes vendedores», elogia. Deve os primeiros passos na área da venda a Sousa Gomes, o «experiente» do grupo, e foi na sua companhia que fez as primeiras incursões como vendedor.

José Joaquim Oliveira lembra-se dos seus primeiros clientes, todos da «indústria pesada», e do quanto eram difíceis, muito por culpa da conjuntura económica e social. Desses conturbados tempos, guarda na memória um episódio especial numa das suas visitas a clientes. «Entrava na Lisnave com greves à porta, muita agitação política e só me deixavam passar porque era da IBM. Os trabalhadores associavam a IBM aos computadores e os computadores ao pagamento de salários. Eu ficava lá durante imenso tempo; o meu objetivo não era ir vender nada, era ir buscar dinheiro!». No período do pós 25 de abril, quase não existia preocupação com a venda, mas sim com o pagamento das encomendas e esta era uma das funções do vendedor.

O tal ano que tinha lhe tinha sido dado para o «desafio» passou sem que tivesse dado conta. O diretor cumpre a promessa, mas José Joaquim Oliveira já se tinha rendido à área comercial e voltar atrás não fazia parte dos seus planos.

É assim que chega a diretor comercial, uma promoção acompanhada de um novo desafio. A IBM ia lançar um novo sistema em Portugal e cabia-lhe assumir a liderança desse projeto e da equipa de vendas do produto.

Foi o melhor vendedor durante vários anos e chegou mesmo a ser apurado algumas vezes para convenções e círculos restritos da IBM, onde só iam os melhores. «Para se ser vendedor, é preciso querer ganhar dinheiro, gostar de arriscar e arriscar o salário. Se não tiver desejo de ganhar dinheiro, não se deve estar nesta função». Descobriu com o tempo que era uma pessoa de relacionamento fácil e, acima de tudo, um bom ouvinte. A timidez não o impediu de ser um vendedor de sucesso. Uma reviravolta que leva o administrador-delegado da IBM a afirmar sem hesitações que «o ser humano evolui».

Lembra a excelente relação que sempre teve com os seus clientes e a curiosidade que sempre nutriu pelos negócios de cada um deles. No seu percurso como diretor comercial, acabou por ficar à frente de grandes contas de clientes como a TAP e várias entidades bancárias. Ocupava esse cargo quando o BCP foi lançado em Portugal com *hardware* IBM. Recorda o sucesso desta conquista e a forma como ela fez a diferença no banco, «um verdadeiro *case study*», afirma. Continuou sempre, embora com menos frequência, a visitar os clientes, e, mesmo depois de ser nomeado administrador, era um dos mais ativos vendedores da IBM. «E ainda sou!».

Atribui à formação e à experiência muito do que conquistou como vendedor. «Se alguém, naquela altura, me tivesse dito que eu ia falar em público, fazer apresentações ou discursos em conferências, ia pensar que era pura fantasia!», afirma.

O passo seguinte na carreira volta a surgir através da filosofia de acompanhamento dos talentos internos da IBM, neste caso em particular dos «*top talents*». José Joaquim Oliveira acabou por ficar no plano de sucessão do administrador delegado, o que na IBM equivale ao cargo de diretor-geral. «Suspeitava» estar nesta lista de administradores futuros. Nos dois anos anteriores a esta nomeação, começou novamente a destacar-se. «Os resultados eram bons, apresentava ideias nas reuniões de direção e comecei a evidenciar-me com as sugestões que dava e as críticas que fazia», comenta.

Acabou por ser nomeado para uma função ibérica, na qual chefiou uma unidade de venda de *software* da IBM em Portugal e Espanha. Em Madrid, tinha uma equipa de cerca de 300 pessoas. Tornou-se o primeiro diretor português na IBM Espanha. Estava preparado para uma longa «aventura» internacional, quando surge o convite para assumir o lugar de administrador delegado. O administrador delegado da IBM Espanha conhecia bem a sua forma de trabalhar, tinha uma boa opinião a seu respeito e essa exposição acabaria por contribuir favoravelmente na nomeação para o cargo de liderança na IBM Portugal.

«Mais um desafio na minha vida». É desta forma que descreve o sentimento que o invadiu quando foi convidado para assumir a direção da IBM Portugal, um lugar que ocupa há 14 anos. Apanhou grande parte do processo de reestruturação da IBM a nível mundial, encabeçado por Louis Gerstner – na altura CEO da IBM Corporation –, uma verdadeira lenda viva da gestão moderna. «As pessoas na IBM têm uma visão para o mundo, tem uma visão para a indústria e o que fazem é transmiti-la às pessoas, aos clientes, às audiências e fazem-no de uma forma fantástica», considera.

Confessa que o desafio de ser administrador delegado foi relativamente «fácil»: «a IBM tem bons produtos, uma ótima estratégia, uma imagem positiva muito forte no mercado e todos esses condimentos ajudam». O talento é uma das suas maiores preocupações: «a melhor tecnologia do mundo e a melhor estratégia de mercado sem boas equipas não servem para manter uma empresa na liderança».

«Se fizer um balanço da minha vida, acho que, de facto, fui um sortudo, mas trabalhei muito e fiz por isso», afirma. Fundamental é «ter a sorte de fazer o que se gosta e sentirmo-nos bem no papel que estamos a desempenhar».

José Serrano Gordo
Ex-CEO da BP

«Nós fazemos as coisas acontecerem, mas o momento também tem de acontecer».

O percurso de José Serrano Gordo é um verdadeiro manual de carreira ao serviço de uma multinacional. Um xadrez onde é preciso conjugar de forma acertada variáveis tão distintas quanto os objetivos no mercado nacional, as estratégias globais e a importância de competências transversais e de rede de contactos.

José Serrano Gordo entrou na universidade em 1973, quando ainda não podia saber que bastaria apenas um ano para todos os cenários mudarem. O curso de Gestão de empresas no ISCTE acabou por se desenrolar em pleno PREC. Concluiu a licenciatura em 1978 e a instabilidade dos tempos ficou bem refletida na sua assiduidade às aulas, aliás espelhada na frase que recorda de um dos professores: «até me esqueço que foste meu aluno, mal nos víamos!».

No liceu, sempre gostou mais de Letras do que de Ciências. Estudou em Lisboa, no Liceu Padre António Vieira, e teve como colegas de carteira nomes bem conhecidos da política nacional como Pedro Santana Lopes e Francisco Louçã. O tema da organização política conquistou a sua geração e ele próprio sentia o apelo de uma disciplina em que apenas ousavam imaginar possibilidades. Chegou à fase de decidir o curso dividido entre Direito e Economia. Sem nunca ser um aluno excelente, passou pelo quadro de honra e finalizou os estudos de liceu com média de 14.

Na hora H, decide-se por Gestão, movido, recorda hoje, por «um grande sentido prático». Quando acabou o curso, tinha uma prioridade que se impunha à de encontrar emprego: viajar. E assim fez, andou pela Grécia e regressou a casa para o seu primeiro trabalho remunerado, no IAPMEI. Foi um intervalo de tempo apenas para voltar a fazer as malas, uma vez que a colocação oferecida implicava uma viagem aos Açores, onde trabalhou num inquérito aos restaurantes. Terminada a missão açoreana, tem nova experiência através do IAPMEI. Desta vez, numa PME de construção civil. «Era uma empresa frágil, com grande dependência da banca, e tudo o que aprendi sobre saques e desconto de letras foi aí. Foi muito importante aprender a trabalhar numa empresa sem dinheiro». Nada disso se ensinava na universidade – «ninguém sabia preencher uma letra!». O primeiro salário foram 20 contos (aproximadamente 100 euros).

Depois de uma verdadeira «recruta» financeira, era tempo de procurar novos desafios e a oportunidade surge numa empresa do Grupo Vista Alegre, a Sopal. Função: adjunto da gerência para a função administrativa e financeira. O salto salarial não é grande – mas o salto profissional sim. Aprende com o gerente como fazer reuniões de vendas, controlo de gestão e um ano mais tarde é transferido para a casa-mãe, onde permanece mais quatro anos.

As condições de crescimento numa empresa marcadamente familiar afiguram-se-lhe limitadas e quando um colega lhe fala de «um anúncio do *Expressso* mesmo bom para ti» não hesita. Responde para um lugar de assistente financeiro/impostos e é com surpresa que se vê numa multinacional, exatamente o ambiente que procurava, por oposição a um meio familiar. Começa aqui uma carreira de mais de 20 anos na BP, onde chegou ao lugar de CEO em Portugal.

Na BP, a saída do primeiro expatriado da filial portuguesa, após o 25 de abril, para Londres tinha aberto a vaga que vinha preencher: é-lhe entregue o estudo e a implementação de todos os processos para a introdução do IVA na empresa.

«Entrei a 2 de janeiro de 1985 e fui para essa passagem de ano com o código de IVA debaixo do braço».

A entrada não podia ter corrido melhor: a multinacional tinha a prática de apresentar os novos colaboradores a toda a equipa e José Serrano Gordo descobre, com agrado, que vai integrar uma equipa informal e com muita gente nova. «Na Vista Alegre trabalhava-se de porta fechada; na BP era o inverso, todos estavam de porta aberta».

A transversalidade do processo abre-lhe portas a toda a empresa e recebe um *petit nom* elucidativo: passa a ser o Sir Iva.

Três anos volvidos, metas cumpridas, e já após uma passagem pela área de Planeamento, é-lhe proposto um novo lugar como chefe da Divisão de Abastecimentos. Hesita pouco em explicar como progrediu: «fiz bem o que me tinha proposto fazer e fiz muita coisa que ninguém me disse que tinha de fazer». A iniciativa pessoal foi premiada com um lugar de chefia, sendo uma das duas pessoas da empresa a alcançar essa função com menor idade. Ter estado na área de planeamento permitiu que construísse uma visão global da empresa e, não por acaso, todos os que passaram por essa mesma equipa ascenderam a lugares de destaque na organização.

A BP deixa uma organização mais convencional – de base nacional com os clássicos setores de Vendas, Operações, Finanças e Pessoal – e inicia um processo de verticalização por áreas de negócio. A dinâmica do setor era substancialmente diferente da dos dias de hoje. O estímulo ao crescimento era condicionado, mas preparavam-se mudanças e era preciso adaptar a empresa para as alterações que a sucessiva legislação ia impondo. Adicionalmente, as petrolíferas viviam, nesse ano de 1988, com o fantasma do fim do petróleo. Por isso, as multinacionais do setor, BP incluída, diversificaram investimentos e mercados. A BP, por exemplo, tinha desde uma divisão de enguias (sim, enguias!) a *fish farms* de salmão, pintos do dia (!), rações para animais (Purina) e em Portugal chegou a ter as carnes Nobre.

No âmbito das medidas que vão aligeirando os mecanismos de controlo estatal sobre o mercado, tem também lugar a crise das divisas (eram anos de FMI em Portugal...) que força mais alterações nas regras vigentes. A BP passa a ter de comprar crude para vender à Petrogal – uma inflexão das regras do jogo. Serrano Gordo tinha, nas opções de formação da BP, realizado um curso de *trading* em Londres. Não podia ter sido melhor opção. Com uma nova lógica de negociação, o *know-how* adquirido é-lhe útil e o *networking* também... Quando o diretor do departamento sai, fica a responder diretamente ao administrador delegado e paralelamente à estrutura funcional da então BP Oil Europa.

Em 1993, tem pela primeira vez a noção de que sabe exatamente o que quer na sua carreira: por-se à prova numa função comercial. A Divisão de Lubrificantes era a escolha natural para o fazer. Comunicou as suas aspirações e vontade de mudança ao seu superior na Europa. «Quando a vaga surgiu, era o candidato natural». De uma equipa de oito pessoas nos Abastecimentos, passa a liderar uma de 40, conquista um lugar na direção da BP e fica com maior exposição internacional.

Na BP e em Portugal, o negócio dos lubrificantes tinha uma dimensão mais modesta que muitos dos seus concorrentes. É este o cenário em que entra uma nova variável: em 1996, acontece a *joint-venture* entre a BP e a Mobil. A BP ficou responsável pela gestão do negócio de Combustíveis e Refinação na Europa e a Mobil por toda a cadeia de valor dos Lubrificantes. As premissas do acordo entre as duas companhias colocam-no de um dos lados da fronteira. A Mobil cria uma estrutura ibérica e, no *day after*, era ele que estava à frente da equipa para Portugal. «Numa companhia internacional, temos de compreender como as coisas funcionam. Os saltos são relativos: dependem mais do negócio do que da posição».

Mais uma vez, estava num «bom negócio» de 4.º *player* do mercado para gestor do líder português de lubrificantes e com um desafio adicional de integração de duas marcas, e assim se torna presidente do conselho de gerência da Mobil. No carrocel próprio das empresas internacionais, fica um ano no lugar e segue para

França como vice-diretor-geral, tendo como diretor-geral o gestor que estivera em Portugal aquando da *joint-venture*. «Pedi para ser internacionalizado e aconteceu». Era importante no xadrez em que se movia.

Ao serviço da Mobil conhece uma nova cultura... à americana. «Vendas, vendas, vendas e a importância da marca eram o nosso mantra». Apresenta resultados, mas sabe que em França será sempre um francês a ser número 1. Espera e a recompensa pelo desempenho chega com a promoção a presidente ibérico da Mobil, sedeado em Madrid, sempre no negócio dos lubrificantes, mas com a responsabilidade de coordenação corporativa.

Ano de 2000. Novo turbilhão. A *joint-venture* dissolve-se e os sócios partilham mercados. A BP mantém a hegemonia nos combustíveis e a Mobil faz exatamente o mesmo com os lubrificantes. Na dissolução da parceria, a BP faz finca-pé para não perder quota no balanço final. A forma de o conseguir foi mantendo alguns mercados exclusivos para a BP – foi o caso de Portugal, Espanha e Grécia.

José Serrano Gordo não muda de cadeira, só volta a mudar de camisola – é de novo um quadro BP. E, por uma reviravolta da vida, encontra-se a responder, de novo, a um velho conhecido – o gestor inglês que era seu par quando tinha liderado a Divisão de Lubrificantes em Portugal. Na liderança global da BP, estava então John Browne, o gestor com uma máxima que não esquece: «com quem se confia podemos fazer ou não fazer negócio; com quem não se confia, nunca se faz negócio».

Mais tarde, em 2001, a BP compra a Castrol e conquista com essa aquisição uma importante quota de 30% no mercado global de lubrificantes. A Ibéria passa a integrar uma nova divisão geográfica na área dos lubrificantes – Sul da Europa. «E é com algum desapontamento que não fico com esse lugar», confessa o ex-CEO da BP.

É-lhe então oferecida uma função de geografia alargada (Sul da Europa, África, Médio Oriente e Índia), num segmento mais especializado: vendas à indústria marítima de todos os produtos e serviços da BP. Entre 2002 e 2006, desempenha esse lugar em Madrid, mas em viagem a cada três das quatro semanas do mês.

Regressa a Lisboa em 2006, mas para desempenhar um lugar que devia ser feito a partir da sede, em Londres. A direção de um pequeno grupo que assegura e coordena a cooperação estratégica nos grandes clientes globais da BP. «Falava muito com os *strategic account managers*, era quase um *headhunter* interno e respondia a um vice-presidente mundial do Grupo». Nos três anos em que desempenhou estas funções, tomou consciência da sua faceta de diplomata, da facilidade em criar relações e em trabalhar em rede. Soube que ia ser presidente da BP antes de o saber em rigor. No fim de 2007, já sabia que era esse o lugar que ambicionava e comunicou-o ao presidente em exercício. Em 2008, foi nomeado Diretor Geral para a área de Combustíveis – Retalho, *Business to Business* e ficou a saber nessa altura que iria acumular, a prazo curto, com o lugar de presidente do Conselho de Administração, o que veio a acontecer mais tarde nesse mesmo ano. «Nós fazemos as coisas acontecerem, mas o momento também tem de acontecer», reflete. «Não há nenhuma organização boa ou má em si – depende do contexto e da estratégia que querem servir».

A sorte dá muito trabalho? O trabalho e a sorte andam ligados. O momento tem de acontecer. «Quando vim para a BP, não por escolha mas por acaso, a empresa tinha uma geração muito nova e outra bem mais velha e um *gap* de sucessão para preencher e fazer caminho. Aconteceu assim».

Luís Reis
Chief Corporate Centre Officer da Sonae SGPS

«Temos de perceber que o mundo não termina no fundo da nossa rua».

Tem uma história singular na gestão em Portugal. O «doutor» Luís Reis é um médico a valer que, por opção, assumiu uma mudança de 180º que o levou a um dos lugares cimeiros na gestão do mais emblemático conglomerado português, o grupo Sonae.

Natural de Coimbra, foi nessa cidade que teve o primeiro estágio de gestão num ambiente que lhe era familiar. «O meu avô paterno era um *entrepreneur* da sua época. Tinha uma empresa grossista de têxteis e, quando estava no liceu, a minha grande paixão era ir ajudá-lo». Fazia de tudo, desde atender pessoas ao balcão, a carregar caixotes e a realizar o inventário no final do ano.

Quando chegou a hora de entrar na universidade, o seu rumo foi outro. «Fui bastante influenciado pelas minhas avós e talvez por aquela ideia, um pouco burguesa, de que ser médico é uma profissão nobre e interessante». Acolheu bem a sugestão e decidiu-se pelo curso de Medicina, ainda que sem paixão assumida. «Nunca tive grande vocação para a medicina, acho que a única vocação real que tive – que depois concretizei – foi dar aulas».

No liceu, um episódio típico da adolescência marcaria também as suas opções entre Letras e Ciências. Em detrimento da primeira, até favorita. «Sempre fui uma pessoa de pôr muito as coisas em causa e não devia ser um aluno fácil. Na altura, éramos obrigados a escolher entre Ciências e Letras no quinto ano, e eu até queria seguir Direito. Tive então uma professora de História com quem me peguei, porque foi injusta na correção de um exercício. Discutimos e ela deu-me a pior nota que eu tive, um 11 ou um 12. Nesse dia, decidi que não ia ficar em Letras, porque precisava de ter a certeza de que as coisas estavam certas ou erradas». Assim, escolheu Ciências, não por opção, mas por negação.

Entrou na faculdade em Coimbra, em 1979. «Disseram-me que concluí o curso com a segunda melhor nota dos últimos 20 anos». Ainda antes de terminar o curso, foi convidado para monitor de Genética, e começou a preparar um doutoramento nessa área. Adorou dar aulas, mas detestou fazer investigação. «O laboratório não é o meu território», afirma retrospetivamente. O que, de alguma forma, seria confirmado pela sua carreira na gestão, a disciplina onde a prática é tudo o que importa.

No curso de Medicina, voltou a defrontar-se com as questões da avaliação e do mérito. «Em Coimbra, havia dois tipos de nota: a de alguém que fosse de uma família de médicos e as outras». Acusou o embate e o primeiro ano não foi fácil. Trabalhou, empenhou-se e começou a distinguir-se. «É por isso que o tema do mérito é muito importante, assim como o da justiça».

Ganhou cerca de vinte contos (aproximadamente 100 euros) como primeiro salário. Estava no quinto ano da faculdade e lembra-se que lhe soube «muito bem». Foi convidado para ficar em Coimbra com opção por uma de três áreas: Genética, Anatomia Patológica e Cirurgia Cárdio-Toráxica. Na mesma altura, casou-se e mudou-se para o Porto. Na faculdade, conquista algum respeito, mas quando é colocado num hospital, no Porto, volta a sentir-se em terra de ninguém. «O nosso sistema hospitalar está preparado para perpetuar as elites. O facto de querer trabalhar mais ou menos, ou aprender mais ou menos era relativamente irrelevante». Lembra-se da frustração desses anos: «trabalhar mais podia ser contraproducente, e tentar dar nas vistas, dar opiniões e questionar era seguramente contraproducente». A maior deceção não seria com a medicina, mas, afirma, com o sistema hospitalar e a cultura do funcionalismo público nos hospitais.

Sobrevive dois anos neste regime, o mínimo obrigatório para o internato. «Mal acabei, fui-me embora». Vive-se então o ano de 1988, mas desde 1987 que trabalhava, em simultâneo, na BIAL como gestor de produto. A outra história da sua vida começa aí.

Chegou à BIAL através de um anúncio de jornal. «No hospital, tinha muito pouco que fazer, com exceção das urgências. À tarde, não se trabalhava e eu achava um desperdício de tempo, para além de que precisava de ganhar dinheiro». Comprou a primeira gravata para ir a duas entrevistas, numa empresa em Lisboa, e na BIAL no Porto. Foi selecionado nas duas, mas escolheu ficar no Porto, pela proximidade geográfica e porque o aceitaram em regime de *part-time*.

Na empresa conhece um território diferente, onde se sente como peixe na água. O primeiro lugar é de gestor de um produto com elevada notoriedade, o Reumon Gel. «Para quem quer conhecer as empresas, a gestão de produtos é um sítio fantástico para começar. Aprendem-se duas coisas muito importantes para a vida: somos responsáveis por uma conta de exploração e, no fim do dia, somos avaliados pelas vendas e pelo resultado do produto. Mas não se tem nenhum outro instrumento de influência na organização que não seja a liderança carismática».

Na BIAL constrói uma carreira de evolução muito rápida. Faz gestão de produtos maduros, assegura lançamentos de revitalização dessa mesma área e é chamado, na fase seguinte, a liderar uma nova categoria de produtos, os antibióticos, um ano e meio depois de entrar. A Bial estava a crescer a passos largos e, como tal, ia sendo promovido rapidamente.

Durante esse período, não liderava pessoas, só «influenciava» nas suas palavras. «Não tinha ninguém a trabalhar diretamente para mim. Era uma empresa muito depurada, muito *flat* e tínhamos de fazer tudo».

Durante esse período, acumulou três empregos: era gestor na Bial, professor em Coimbra e médico no hospital. Decide ainda abrir uma clínica com outros sócios. O ritmo já era alucinante quando resolve introduzir uma nova variável: o MBA. «Soube que o meu diretor de marketing se tinha candidatado a fazer o MBA e pensei que seria uma boa ideia candidatar-me também». Inscreve-se no ano letivo de 1988/89. Entre as várias tarefas, o GMAT não lhe corre bem e duvidou que fosse aceite. «Sou muito competitivo nos estudos e achava impossível ser aceite, mas passados uns tempos recebi uma carta a dizer para me apresentar na Escola de Gestão». No MBA, afirma ter estudado tanto como para Medicina.

A experiência revelar-se-ia decisiva. Teve como colegas Paulo Azevedo, António Murta, João Paulo Peixoto, Paulo Sobral e Fernando Oliveira, entre outros. A meio do curso, Paulo Azevedo desafia-o. «Disse-me que o pai queria lançar uma clínica e considerava que eu era uma pessoa interessante para o cargo, pelo *background* de medicina e de gestão». Vai a uma entrevista com Belmiro de Azevedo e sai com uma proposta. «O que me atraiu na Sonae foi ser um grupo diversificado. Queria fugir da medicina e ser gestor. Apesar da entrada no grupo ser através da área médica, tinha a intuição de que teria oportunidade de ir para outro campo».

O projeto da clínica acabou por não ser viável e, no impasse, decide continuar a formação com um doutoramento em Madrid. Informa Belmiro de Azevedo da saída e tem uma conversa que o levaria ao passo seguinte da sua carreira. «Perguntou-me se gostava da Sonae, ao que respondi que sim. Disse-lhe que ia tentar fazer consultoria e perguntou-me se não queria ser consultor na Sonae Distribuição dois dias por semana. Aceitou o meu despedimento e contratou-me outra vez».

Faz o doutoramento em Ciências Económicas e Empresarias entre 1993 e 1998. Até metade do doutoramento, mantém-se como consultor e depois é contratado para os quadros da Sonae Distribuição. «A certa altura, ainda me pagavam dois dias e eu trabalhava seis. Já devia ser diretor de marketing e ainda me pagavam dois dias por semana». Mas estava já no seu território e tinha pela frente o horizonte de um grupo em elevado ritmo de crescimento.

O ritmo de trabalho mantinha-se intenso. Doze, treze, catorze horas. Em outubro de 1994, é formalmente diretor de marketing da Sonae Distribuição. «Foi das experiências profissionais mais marcantes que tive. Fui o responsável pela construção de um departamento de marketing único que até aí existia de forma incipiente e separado por insígnias. Tínhamos o ambiente certo para juntar as equipas e lançar iniciativas verdadeiramente novas». É de novo promovido e integra a administração com o pelouro do Marketing e, quando a Sonae entra no Brasil, acumula com a gestão de operações.

Em 2000, é chamado para um novo desafio: a Sonaecom. Lidera a divisão de Internet e Multimédia e tem, pela primeira vez, Paulo Azevedo como chefe. Entra num mercado em ebulição e é confrontado, em pouco tempo, com o seu apogeu e queda abrupta, aquando da bolha da Nova Economia. «A seguir à entrada em Bolsa, tínhamos planos para investir umas centenas de milhões de euros e, de repente, acabou o crédito. Foi preciso em dois anos fazer uma reorganização completa e passar de um *free cash flow* negativo para um *free cash flow* positivo».

Depois da distribuição e das telecomunicações, em 2009 é convidado para integrar a *holding* do grupo. «Aceitei esta mudança menos preocupado com a descrição das funções e mais preocupado em ser útil na concretização da ambição estratégica». Sente-se a jogar a líbero – um verdadeiro distribuidor de jogo pela multiplicidade de pelouros que assegura: dos sistemas, da comunicação interna, à comunicação externa, das relações públicas, às relações institucionais e às relações com investidores. Ficou ainda responsável pela Gestão da Mudança e de Apoio à Implementação de Decisões da Comissão Executiva.

«Em bom rigor, um bom gestor deve ser um pouco de tudo, dependendo das circunstâncias, dos momentos, das equipas e dos desafios que se lhe colocam», afirma. «Se me considero um líder? Sim, considero. Sobretudo numa das dimensões da liderança que é ser capaz de inspirar pessoas e de fazer as pessoas crescer».

Mantém a paixão pelas aulas e a atividade de professor, mas o autor que mais o inspira não vem nem da gestão, nem da medicina. «Eça de Queiroz fez-me perceber uma coisa muito importante: é preciso ter cuidado em Portugal para não se ser muito provinciano». Um conselho redobrado no contexto de globalização do século XXI. «Na gestão, um bom gestor tem de ter capacidades globais. Pode não significar ir para fora do país, mas significa ter uma postura e uma abertura cosmopolita. A pessoa tem que perceber que o mundo não termina no fundo da sua rua». É por isso que acredita que as carreiras se constroem e não são fruto do acaso. «Não sei o que é a sorte, mas sei o que é o trabalho. Quando as coisas correm mal, é porque fizemos alguma coisa mal. O azar é a desculpa dos fracos. Não há sorte, a vida é construída».

Luís Magalhães
Senior Partner da Deloitte Portugal

«É preciso ter fome».

Nasceu em Angola, no Lobito, em 1956 e cresceu numa família que vivia de um negócio familiar na indústria gráfica. O pai e os dois tios paternos geriam a empresa, em turnos de um ano cada. Ainda assim, para Luís Magalhães, *Senior Partner* da Deloitte em Portugal, sempre foi claro que, dos três irmãos, era o pai que assumia a liderança. De alguma forma, essa perceção moldou-lhe a forma como via o mundo dos negócios.

Como aluno, teve um percurso pouco ortodoxo. Repetiu o último ano do liceu, por razões disciplinares, e entrou na universidade em 1974, em Luanda, com a cidade em estado de sítio. Não se lembra do perigo, nem de uma realidade particularmente dura. «O humano é um sobrevivente; ajusta-se rapidamente às alterações do seu meio ambiente e protege-se do que lhe faz mal», é como vê as coisas.

A verdade é que o clima geral de guerra civil se agravava e, em 1975, Luís Magalhães tem de regressar a Lisboa. Por pouco tempo, pelo menos na sua cabeça, pois tinha um plano bem delineado. Procurar uma universidade, preferencialmente em França, se possível perto do mar e da praia. Afinal, vinha de África, de Angola e do espírito de aventura que Lisboa estava longe de oferecer. Montpellier era a escolhida, mas o plano não se cumpriu. «Chegámos em julho e as inscrições tinham fechado em abril», conta. Nada a fazer, portanto deixou-se ficar com um amigo pela apetecida Côte d'Azur durante um verão de férias. «De alguma forma, eu tinha o espírito descontraído que África incute nas pessoas; na época nada me afligia muito».

De novo em Lisboa, prepara-se para uma licenciatura no Instituto Superior Técnico (IST), quando uma amiga o desafia a inscrever-se numa universidade em Bruxelas. O IST na época do PREC era um ambiente que interessava pouco ao futuro engenheiro, em nada simpatizante dos ideais da esquerda radical. Bruxelas soava-lhe bem e fez as malas para um curso de engenharia na capital belga. Uma vez lá, descobriu que já estava inscrito... mas em Economia. Acaba por ficar, acaba por gostar e acaba por casar com a amiga que o levou até lá. O rapaz que queria estudar ao pé da praia, torna-se, sem mar à vista, no aluno que se licencia com distinção e que, nas horas livres, trabalhava a descarregar camiões para os supermercados e a colar envelopes nas Seleções do Reader's Digest.

O passo seguinte, na sua cabeça pelo menos, era o MBA nos Estados Unidos. Hoje avalia com algum distanciamento: «todos têm medo de deixar de ser estudantes».

Enquanto aguardava um veredito de entrada no MBA, o tempo demorava a passar e a impaciência já era então uma das suas impressões digitais. A lista telefónica pareceu-lhe um lugar tão bom como qualquer outro para procurar emprego e logo na letra «A» surgia a Arthur Andersen. «Fui bater-lhes à porta e perguntar se estavam a recrutar», recorda. A porta do escritório foi-lhe aberta por aquela que é hoje a sua secretária e com quem trabalha há cerca de 30 anos. Não só foi admitido, como, a breve trecho, estava em Madrid a fazer um curso de auditoria. Corria o ano de 1981 e o seu primeiro salário valia 14 contos (aproximadamente 70 euros). Não podia saber que três décadas mais tarde iria estar à frente de um negócio de 120 milhões de euros e a dar emprego a 1500 pessoas.

Os primeiros anos marcaram-no para sempre, sobretudo no que aprendeu sobre a atitude face aos desafios. «A Arthur Andersen tinha uma atitude vencedora como nunca vi noutra empresa. "Vamos conseguir" era o lema de todos», relata.

Luís Magalhães não apenas vestiu a camisola – suou a camisola. E assim, sem surpresa, a empresa viu-o crescer como, antes dele, nenhum tinha feito. Em três anos e meio, era *manager* e a sua influência na auditora fazia-se sentir. Do seu lado, trabalhava como nunca. Para além das pastas que lhe eram entregues, observava o mercado e procurava oportunidades onde pudesse ser bom – onde pudesse ser o melhor. Uma oportunidade decisiva surgiu quando antecipou as necessidades que a primeira vaga de privatizações, no final dos anos 80, iria criar. Preparou-se intensamente. «Na empresa não havia ninguém que soubesse de banca e seguros e eu voluntariei-me». Trabalhava 12 a 14 horas por dia, o fim de semana só durava até domingo de manhã e as semanas sucediam-se.

A Arthur Andersen ganhou praticamente todas as privatizações de bancos e companhias de seguros. Luís Magalhães ficou responsável por toda a área financeira. Com oito anos e meio de carreira, foi promovido a sócio da auditora.

A adesão de Portugal à Comunidade Europeia, a privatização das principais empresas e os desafios de uma economia aberta criavam espaço para um outro tipo de negócio: a consultoria. A Arthur Andersen avança então com a criação de uma nova *business-unit* que, mediante a qualidade de recursos e experiência aliada à dinâmica de um mercado em crescimento, ganhou progressivamente peso dentro da empresa. Internamente, tem início uma vaga de fundo no sentido de os sócios assumirem a liderança do negócio de consultoria.

A verdade é que a empresa estimulava a competição e fazia dela a sua reserva de excelência, motivo pelo qual Luís Magalhães nunca sentiu vontade de mudar de camisola. «Sentia que os outros tinham uma vida muito menos interessante do que a minha», confessa.

Em 1996, tem lugar um acontecimento que afetaria a vida de milhares de colaboradores da multinacional em todo o mundo. A Arthur Andersen (auditoria) e a Andersen Consulting (consultoria) entram em rutura. A Arthur Andersen perde essa disputa e é obrigada a realizar um verdadeiro tratado de Tordesilhas com os ex-colegas da consultoria. Inicia-se uma batalha legal e, durante meses, vive-se num ambiente próprio de um filme de *suspense*. A rutura é formalizada e financeiramente o negócio é ruinoso para os sócios da Arthur Andersen. No entanto, continuavam a guardar em casa o património mais precioso: inteligência e *know-how* para levar o negócio avante.

E foi esse o caminho que trilharam até, em 2001, serem torpedeados por uma detonação chamada Enron. A Arthur Andersen, auditora da petrolífera, via o seu nome abalado como nunca por um escândalo que ditaria uma nova era nas normas de *governance* e de prestação de contas das empresas. «Foi um grande teste para nós em Portugal, porque nessa altura já éramos os melhores, com a carteira mais diversificada».

Perante a implosão iminente da Arthur Andersen, Luís Magalhães, *senior partner* da filial portuguesa, concentrou esforços na salvação. Do nome, da reputação, do negócio e dos postos de trabalho de 600 pessoas que a firma empregava. A urgência maior era encontrar um novo parceiro – um parceiro disposto a receber equipa e carteira de negócio, sem tirar o tapete aos anos de trabalho que tinham no currículo. «Falámos com todas as firmas da concorrência», revê Luís Magalhães, «mas era preciso proteger o grupo, porque o nosso valor como equipa era superior ao valor individual». Foi por essa razão que resistiu às várias tábuas de salvação individual que lhe ofereceram e aceitou viver um ano em estado de «insónia permanente».

O acordo com a Deloitte pôs fim a este período negro. A equipa conseguiu ficar toda junta e apenas perdeu um único cliente. Luís Magalhães é apontado como número um da Deloitte em Portugal, com um número dois vindo da equipa original da consultora. Sentiu-se em casa desde a primeira hora – o poder real era dos ex-Arthur Andersen. «E estamos melhor hoje do que antes», observa.

«É preciso ter fome». É assim que entende a vida nas empresas. É assim que entende a vida. Vê-se como um líder, mas garante que intervém pouco. A sua receita é organizar, provocar e colocar a fasquia lá bem no alto. Acredita que só há espaço no topo para os melhores e só se chega lá com trabalho, empenho, trabalho.

A sorte não lhe diz, por isso, muito. É um conceito de um mundo que não o seu. «Se existe fator sorte, não foi por causa dele que aqui cheguei».

Luís Salvado
CEO da Novabase

«A sorte é quando a preparação encontra a oportunidade».

Aos 4 anos, queria ser engenheiro de máquinas, porque essa era a sua figura de referência para «o homem que resolvia os problemas». Chegou a CEO de uma das empresas tecnológicas com maior projeção em Portugal, a Novabase.

Luís Salvado nasceu em Angola, no Luso. O pai trabalhava nos caminhos de ferro e a sua primeira vocação, a de ser engenheiro de máquinas, nasce com as primeiras memórias. Com o 25 de abril, a família regressa a Portugal e instala-se no Fundão. Acredita que recebeu dos pais a melhor herança possível: uma combinação entre o sentido de dever e de missão e a sensibilidade e a autoconfiança, características que o ajudaram vida fora.

Tinha 13 ou 14 anos quando começou a interessar-se por computadores, influenciado por um amigo do irmão que estudava no Instituto Superior Técnico, em Lisboa. Este interesse foi crescendo e aos 15 anos não tinha dúvidas do passo que daria depois do liceu. Com 16 anos, começou a dar explicações. Rapidamente teve vários explicandos a seu cargo e um primeiro ordenado todos os meses na carteira, dinheiro que usou para comprar acessórios para o seu primeiro computador, uma verdadeira relíquia nos dias de hoje. «Estávamos em 1981 e penso que terá sido o primeiro computador pessoal do Fundão», recorda. Acaba o liceu e ingressa em engenharia eletrotécnica, ramo de Sistemas e Computadores. No Instituto Superior Técnico, claro.

Vem para Lisboa com 18 anos e passa tempos difíceis até se adaptar à «grande cidade». Logo no primeiro ano, aceita um estágio no INESC. Durante o curso, tem também as suas primeiras incursões no mundo empresarial. Lança duas empresas, uma de *software* para computadores Macintosh e, mais tarde, já no final do curso, uma empresa de soluções informáticas para PMEs. Em nenhuma das empresas ganhou dinheiro. Esse acabaria por ser ganho em muitas horas de formação – mais de 2000 – a ministrar cursos de informática de todo o tipo, a maioria em regime pós-laboral. Trabalhou também como consultor e programador. Com toda esta atividade veio também outro custo: demorou mais tempo a terminar o curso.

O primeiro emprego «a tempo inteiro», logo após concluir a licenciatura, seria no Centro de Sistemas Computacionais do INESC. Ao aceitar o convite, reduz para metade o salário que ganhava como profissional liberal. «Na altura, percebi que precisava de um desafio mais estruturado, que me desenvolvesse e onde tivesse oportunidade de construir algo novo». O primeiro chefe no INESC é Pedro Dinis que, ao fim de poucos meses, sai do lugar para fazer o doutoramento nos Estados Unidos. É então convidado para o substituir e sente a dificuldade de chefiar antigos colegas do Instituto Superior Técnico. «É a provação de ser o primeiro entre iguais», disseram-lhe. Além disso, fazer esquecer Pedro Dinis não foi tarefa fácil: «era uma pessoa brilhante, tinha recebido o prémio do melhor aluno do país no 12.º ano e tinha também ganho o prémio internacional do IEEE pelo seu trabalho final de curso no Técnico», relembra.

O dia em que foi promovido recorda-o como um dos mais felizes da vida. «Digo muitas vezes a quem é promovido, "goza o dia, é dos melhores"». Com a promoção, veio também uma viagem de trabalho aos EUA, um sonho que acalentava há muito. Recorda-se das angústias dos primeiros tempos de «chefe», mas recorda também a aprendizagem, como a de perceber que o seu papel passaria a ser o de «fazer fazer». Pelo meio, cumpriu o serviço militar no Centro de Informática do Exército, onde, para além de um louvor pela dedicação e trabalho realizado, recebeu um convite para continuar como consultor: «Tive pena de não ter podido aceitar, por incompatibilidade com o trabalho no INESC».

De regresso à vida profissional, começou a pensar noutros desafios. «Havia muita gente na altura com a ideia feita do 'trajeto-cometa': Técnico, MBA, Mckinsey. Eu não a tinha, mas sentia que precisava de adquirir conhecimentos de gestão». E após alguma reflexão tomou a decisão de fazer um MBA. «Na altura, o novo MBA lançado pela Universidade Católica pareceu-me muito adequado, porque aliava uma componente generalista a uma parte mais especializada, lecionada por professores estrangeiros de universidades muito reputadas», conta. A frequência do MBA implicou novamente uma redução do salário, pois só o autorizaram nessa condição. No final do 1.º ano do MBA, Rogério Carapuça desafia-o a ir com ele para a Novabase. «Na altura, não conhecia bem a Novabase, mas tinha boa imagem da empresa e das pessoas que lá trabalhavam». Entrou como gestor de projeto.

Ao fim de um ano, termina o MBA como o melhor aluno da especialidade. Foi o fim de uma etapa de que guarda boas memórias. Destaca a influência do professor de Gestão de Pessoas, Carlos Alves Marques, e, no seu conjunto, o MBA traz-lhe um sentimento de plenitude. «O MBA completou-me em termos de mentalidade. O engenheiro preocupa-se muito com a obra em si, com a sua robustez ou elegância técnica, mas o gestor foca-se sobretudo nos resultados, se atinge ou não o objetivo». Por ter sido uma boa experiência, a seguir ao MBA interessa-se pelo doutoramento. Chega a ter orientador, tema e até universidade escolhida, a Warwick Business School, em Inglaterra. Mas, enquanto trata dos preparativos para a nova etapa académica, a Novabase pede-lhe que avalie uma possível nova área de negócio. Empenha-se com afinco neste desafio e constrói um plano de negócio. «Este trabalho deu-me um gozo especial, pois permitiu--me aplicar e consolidar tudo o que tinha aprendido no MBA», afirma. A administração aprova a ideia e convida-o para liderar o projeto. «Na altura, a minha cabeça ainda estava no doutoramento, mas não fui capaz de resistir ao desafio, pois tive uma imensa curiosidade em ver como aquelas ideias que tinha posto no papel, poderiam resultar na prática». Adiou o doutoramento, até hoje. A área de negócio em causa viria a ter um crescimento tão grande que deu origem ao primeiro *spin-off* da Novabase, a Novabase Suporte à Decisão. O sucesso foi tal que se tornou no modelo de crescimento da Novabase nos anos que se seguiram, tendo sido replicado em outras áreas.

É convidado a ser acionista da empresa resultante do *spin-off*, com 25% do capital. «Foi o reconhecimento da importância que me atribuíam no sucesso desta nova área. E aconteceu porque estava a trabalhar com pessoas de uma enorme visão e sentido de partilha. O Pedro Carvalho, o José Afonso e o Rogério Carapuça acreditaram e apostaram em mim». Na nova empresa teve um sócio, João Nuno Bento, «que foi muito mais do que um sócio, foi sobretudo um grande companheiro e amigo. Éramos e ainda somos uma grande dupla, existe uma grande complementaridade e empatia entre nós».

Para que a Novabase Suporte à Decisão tivesse sucesso, era fundamental assegurar representações dos melhores *softwares* mundiais. Luís Salvado sabia-o desde que traçara o plano de negócio. Realiza várias viagens aos EUA, sobretudo a Silicon Valley e a Boston para o conseguir. Uma dessas viagens, para Boston, foi particularmete emblemática. Pensava que ia ter uma curta reunião apenas com uma pessoa. Conduzem-no a uma grande sala e, quando entra, percebe que tem toda a administração à sua espera. Explicam-lhe: «você é um caso tão estranho que quisemos que todo o *board* assistisse». «Disseram-me que achavam que o mercado europeu ainda estava pouco maduro para a tecnologia deles e não percebiam como alguém em Portugal – país que nem sabiam muito bem onde ficava – poderia vender uma cópia que fosse! No final, consegui a representação e, ao fim de alguns anos, tínhamos mais quota de mercado em Portugal do que eles nos EUA», recorda.

Foca o investimento no marketing, sobretudo em apresentações e na presença em eventos. «Era fundamental aumentar a notoriedade da Novabase e empenhei-me a fundo nisso. Semana em que não tivesse muitas apresentações era encarada por mim como um fracasso», lembra. As apresentações abriram-lhe muitas oportunidades comerciais, mas ninguém adjudicava encomendas, pois ainda «havia muitas dúvidas sobre aquela tecnologia e ninguém queria arriscar a ser o primeiro». À medida que os meses passavam, ia ficando cada vez mais pressionado. «De um lado, tinha os custos a acumularem-se e, do outro, uma mão vazia de projetos de vendidos».

Passa o verão em *stress*. Em outubro, quando as coisas estavam mesmo a ficar muito complicadas, consegue a primeira adjudicação. Passados uns dias, a segunda. Ao fim de dois meses, o problema era contratar e formar pessoas para fazer tantos projetos. O *boom* é avassalador e a actividade dispara: o volume de negócios mais que duplica face ao previsto. A equipa quadriplica em menos de um ano. «É incrível como as coisas se podem transformar tão depressa. Do receio do insucesso, ao extremo entusiasmo e auto-confiança», reflete. A Novabase mantinha-se fiel ao modelo – um promotor, uma ideia, uma nova área de negócio. Salvado aprendeu que «mais importante que a ideia é o promotor. É assim que explica que ideias excelentes não tenham corrido bem e ideias assim-assim tenham sido um sucesso. O mais importante é a capacidade de lidar com a adversidade, de dar sempre a volta às situações e isso depende muito dos promotores».

A Novabase cresce. A bolha da nova economia também. A empresa percebe que tem de ir ao mercado de capitais e Luís Salvado assume o marketing da operação. «Fizemos um IPO (Initial Public Offer) em pouquíssimo tempo, todos diziam que era impossível». Os investidores institucionais ultrapassaram a procura em seis vezes, no lote para investidores individuais a procura excedeu 30 vezes a oferta; as ações foram vendidas no intervalo máximo. Sente que, com o IPO, algo mudou na sua vida. «Sempre quis sentir-me independente, ter liberdade para poder escolher o que fazer e o IPO proporcionou-me isso».

A seguir ao IPO, tem o desafio de liderar quase 20 empresas diferentes, e de as juntar numa única: a Novabase Consulting. Estas empresas representavam mais de 90% de todo o grupo, cerca de 1000 pessoas. No final de 2001, rebenta a bolha tecnológica e os clientes deixam de comprar. Avizinhavam-se tempos muito difíceis. Em 2002, o *glamour* da nova economia transformara-se na sua sombra e a Novabase tinha pessoas a mais para negócios a menos. Foi o momento de aprender, na prática, o que significa gestão em tempos de crise. Foi preciso dispensar muitas pessoas, reduzir drasticamente todos os custos. Em um mês e meio, 1/3 dos efetivos, mais de 300 pessoas, saíram da empresa.

Para liderar a mudança, Luís Salvado criou um grupo que reunia diariamente. «No final de cada dia, analisávamos o que tinha acontecido e corrigíamos o rumo para o dia seguinte. Às vezes, a reunião acabava a altas horas da noite». O momento foi aproveitado para uma reestruturação profunda e a pensar já no futuro pós-crise. «Foram tempos muito duros, ao nível profissional e sobretudo pessoal. Muitas pessoas ajudaram, mas duas foram fundamentais nesta fase tão difícil: o João Nuno Bento e o Álvaro Ferreira. Criámos uma relação entre nós que resistiu a todas as provações e acredito que, sem isso, não teríamos conseguido». A fórmula resultou. A Novabase Consulting tornou-se, de novo, o bastião de rentabilidade do grupo e o moral das pessoas foi gradualmente recuperado. As mudanças efetuadas permitiram aproveitar muito bem o cenário pós-crise e crescer acima do mercado nos anos seguintes.

Vai assumindo progressivamente mais responsabilidades, nomeadamente como forma de alargar algumas práticas que tinham sido desenvolvidas na Novabase Consulting às restantes áreas da empresa. É nomeado *Chief Financial Officer* e *Chief Human Resources Officer* no início de 2007. Em 2007 e 2008, a empresa inicia a reestruturação de alguns negócios e foca-se naqueles que têm maior valor estratégico e sinergias entre si. No final de 2008, é convidado pelo «núcleo duro» de acionistas para ser o próximo CEO do grupo, com a passagem de Rogério Carapuça a *chairman*. «Ponderei muito se era isso que queria fazer nos próximos anos da minha vida», relata, ao mesmo tempo que admite que ganhou prazer em desempenhar as funções de liderança que o lugar de CEO tem implícito. Em 2009, a empresa apresentou os seus melhores resultados de sempre, apesar da grave crise económica nacional e mundial, a pior dos últimos 70 anos, segundo muitos analistas.

Sobre a sorte, tem uma convicção: «Confiem na sorte, mas trabalhem para a ter». Gosta de citar a célebre frase de Séneca: «a sorte é quando a preparação encontra a oportunidade». Mas acredita sobretudo que a sua maior sorte foi ter sempre perto de si as pessoas certas, esse sim um fator que valoriza pessoal e profissionalmente.

Mário Barbosa
Diretor-geral da McDonald's

«Se formos persistentes, acabamos por progredir. Às vezes é preciso dar um passo atrás para dar dois em frente».

Mário Barbosa é um produto da nova geração de gestores portugueses. Jovem, com 40 anos, faz parte de uma geração que seguiu passo a passo um percurso de aprendizagem, dos bancos da universidade à liderança nas empresas.

O conceito de produto é lhe familiar desde cedo – filho de um gestor com carreira na indústria de grande consumo, desde cedo que o CEO da McDonald's em Portugal se habituou a trocar por miúdos os jargões do marketing e das vendas.
Ainda assim, recém-licenciado em Gestão pela Universidade Católica, a sua primeira experiência profissional seria na banca. Nas suas palavras, «foi parar à sala de mercados do Deutsche Bank», sem ninguém lhe ter explicado como se passava dos manuais para a realidade das empresas, menos ainda no negócio financeiro. Um *reality check* que deu por bem empregue: ao fim de dois dias, estava por sua conta a atender corretoras e a apresentar o negócio do banco. «Isto agora é a sério», pensou e, durante um ano, foi muito a sério que se embrenhou no negócio bancário.
A sua ambição era, porém, o grande consumo e, no ano seguinte, foi bater à porta de duas grandes empresas da área, respondendo a anúncios de emprego: a Unilever e a Central de Cervejas. No início dos anos 90, a Unilever era a grande escola de marketing em Portugal, lugar que repartiria durante essa década com outro gigante do consumo, a Procter & Gamble. Aí se formavam gestores de produto rodados nas marcas mais exigentes do mercado, capitalizando um *know-how*

de muitos anos de experiência internacional com alguns dos melhores gestores do mundo. Se falássemos de futebol, era como um jovem talento ser recrutado para o Benfica, Sporting ou Porto.

Mário Barbosa apostou forte no seu processo de seleção para a Unilever. E o processo correu bem, até chegar ao «*selecting panel*», uma tradição de recrutamento da multinacional que leva os jovens candidatos a terem de defender uma ideia perante a administração da empresa. Calhou-lhe um tema quente na altura, o Tratado de Maastricht, que defendeu com fervor. Calhou-lhe também a oposição convicta de um membro do painel ao referido Tratado, motivo que terá ditado a exclusão para efeitos de seleção.

Uma porta se fechava, outra se abria. A Central de Cervejas admitia-o nos seus quadros, logo após a privatização e com uma quota de mercado em queda que traduzia a perda de liderança para a Unicer.

«Entrei numa empresa arcaica. Em 1993, não existia um computador na Centralcer. Os processos eram formais e rígidos. Quando precisava de uma fotocópia, tocava numa campainha e um funcionário vinha buscar os papéis a copiar. Furar este processo era visto como uma ingerência no trabalho alheio e muito mal recebido», recorda.

Mas a empresa estava à beira de mudar. A privatização trouxera novos donos e os novos donos traziam uma ambição de liderança. Mário Barbosa foi trabalhar com Alexandre Vieira de Almeida, o novo diretor de marketing que trazia novas ideias e novo fôlego. «É a Sagres que, nesta nova etapa, pega na seleção nacional de futebol – ninguém pegava então!», exemplifica.

Iniciava-se então um renascimento da Central de Cervejas e, sobretudo, da sua marca mais emblemática, a Sagres, em torno da qual se capitalizariam algumas das principais iniciativas. A empresa abre-se ao mercado e, em poucos anos, todos queriam trabalhar com a Central de Cervejas.

Mário Barbosa navegou nessa onda. «Foi um tempo de grande intensidade. Os resultados foram aparecendo e assumi entretanto o lugar de gestor de produto Sagres, o que me abria um horizonte alargado para fazer novas coisas». A agilidade no mercado convivia bem com uma cultura muito hierarquizada decorrente do acionista de referência, o grupo São Domingo. Porém, no seu dia a dia, beneficiava de grande autonomia e aumentava o nível de responsabilidades. De uma equipa inicial de 2 pessoas, passou a gerir 10. O desafio era permanente: estavam a construir de raiz a nova Sagres.

Em 1997, decide fazer um MBA – sente-se apto para novos voos e confia que o conhecimento mais profundo de gestão lhe irá ser útil. A progressão interna está limitada e sente que, em breve, terá de procurar novas oportunidades.

É quando lhe é apresentada uma proposta a que não podia ficar indiferente: McDonalds. Um primeiro contacto com a diretora-geral abre portas a um lugar de gestor de marketing, mas o percurso revelar-se-ia menos em linha reta do que inicialmente pensara. Uma conjugação de circunstâncias leva a que, em simultâneo, a multinacional tivesse dois nomes para o lugar de diretor de marketing, a chefia a que Mário Barbosa iria responder. Prevalece um primeiro convite realizado internamente a um quadro de origem alemã que assume o cargo, ficando o segundo nome, do português Rui Zuzarte, com as funções de marketing manager. Para Mário, este dominó em cascata significava um passo atrás, uma vez que retomaria funções de gestor de produto, um nível hierárquicao abaixo do que já ocupava na Centralcer. A transparência com que o processo foi comunicado e o acordo implícito de que essa situação duraria apenas um ano, levam-no a manter a sua decisão. É assim que entra na McDonalds. «Se formos persistentes, acabamos por progredir. Às vezes, é preciso dar um passo atrás para dar dois em frente», conclui.

No ano seguinte, o acordo cumpria-se e dava o passo em frente. Chegava a gestor de marketing e contava no curriculum com uma experiência de grande aprendizagem e cumplicidade com Rui Zuzarte, então diretor de marketing, em quem encontrou um jogador de equipa, com sentido de liderança e intuição. «Entrámos ambos no mesmo dia de 1999 e, no final desse ano, assumíamos as funções para as quais tínhamos sido contratados».

O ano de 2000 é difícil para a McDonald's. É o único ano em que a marca perde dinheiro, muito fruto da crise das «vacas loucas» e de um crescimento demasiado acelerado, com a abertura de 15 restaurantes por ano. No fim desse ano, Rui Zuzarte adoece, é forçado a ausentar-se da empresa e Mário assegura, em paralelo, as suas funções. Zuzarte regressará ainda à empresa em 2001, mas os impedimentos de saúde levam a que se desvincule em 2002. Será um ano de grandes mudanças: também na direção-geral se opera uma alteração e João Noronha Lopes torna-se o primeiro português a liderar a McDonalds no território nacional. Mário Barbosa é nomeado diretor de marketing e estabelece com o número um de então (atual vice-presidente para o Sul da Europa,) uma relação de grande confiança. «Aprendi com ele a máxima de que, em cada projeto, os últimos 5% são os mais importantes, e é um facto que são».

Nos cinco anos seguintes, o ciclo é de mudança e tem nas mãos o *joy stick* da marca em Portugal. A evolução tem uma forte componente internacional com toda a reformulação de estratégia que contempla uma grande aposta na comunicação, no desenho de novos menus com enfoque nos ingredientes saudáveis e na proximidade às realidades locais e na respetiva adaptação da oferta. Mas a vertente interna é decisiva ao sucesso: o realinhamento dos *franchisados* com a estratégia global, a modernização dos espaços e o planeamento de iniciativas de promoção traduzem-se num resultado final de crescimento.

À frente do marketing, Mário Barbosa percorreu cada milha do percurso. Quando, em 2008, é nomeado diretor-geral português da multinacional estava mais do que preparado, como aliás refletem os dois anos seguintes de exercício, os melhores de sempre da McDonald's em Portugal. «Sou também um jogador de equipa e só assim aparecem os resultados. Revejo-me no modelo de *forming--storming-performing*». E a sorte?: «Não lhe chamo sorte. É preciso fazermos muito trabalho, antes que os frutos sejam visíveis».

A sua preocupação é encontrar aquele espaço, cada vez mais pequeno, onde é possível inovar e fazer a diferença. Na McDonald's acredita na transparência da marca e, para isso, promove iniciativas diferenciadoras de aproximação ao mercado e, em particular, aos consumidores. Como, por exemplo, a organização de visitas de clientes aos fornecedores da multinacional e o convite a jornalistas para trabalharem durante uma semana num dos restaurantes da marca. Num território pouco explorado pelas marcas, a aposta é na cultura de proximidade e confiança. Não é por acaso que o livro *Estratégia Oceano Azul*[1] é o primeiro que lhe ocorre quando fala de lições de gestão. A pergunta que não lhe sai da cabeça é mesmo essa: «porque é que alguém quererá ser liderado por nós».

---

[1] Atual Editora.

Nuno Amado
CEO do Santander

«Nos treinos não se batem recordes e ninguém é campeão a treinar».

À frente do Santander, Nuno Amado já ganhou todos os prémios. Melhor banco, melhor gestor, melhor *call center* financeiro, prémios de RH. «Ir para CEO foi o segundo passo mais difícil da minha carreira, sendo que o primeiro foi trocar a auditoria pela banca», afirma, ao mesmo tempo que mantém que poderia ter sido melhor número 2 do que número 1. Os factos contam outra história.

«O meu pai e a minha mãe trabalharam toda a vida, 7 dias por semana, quase 24 horas por dia. Nunca tive umas férias grandes com os meus pais. Lembro desde sempre o trabalho em excesso que conheci desde criança». A influência familiar foi decisiva no percurso de Nuno Amado, atual CEO do Banco Santander. Formou-se com esse exemplo, nas suas várias dimensões. O exemplo da disciplina, da recompensa pelo esforço, do trabalho por objetivos. Mas também o exemplo ao avesso que o fez procurar desde cedo o equilíbrio entre as várias áreas da sua vida.
Cresceu fora de Lisboa, foi bom aluno, mais chegado às Ciências e às Matemáticas. Chegou à fase de decisão pelo curso na universidade com a indecisão própria da idade. Passou pelos psicotécnicos que o encaminhavam, em primeiro lugar, para... diplomacia. Só depois vinha a economia e a gestão e, depois ainda, a engenharia. Decidiu-se pela Gestão, estudava «q.b.», na sua aceção, mesmo que os colegas dissessem que trabalhava bem mais que a média.
Depois de uma primeira experiência de trabalho na Norma, empresa de estudos de mercado, é recrutado para a equipa fundadora do escritório em Portugal da Peat Marwick, que seria o embrião da futura KPMG. Vivia-se o ano de 1980 e

Nuno Amado cristaliza aí, «talvez», o principal momento de sorte da sua carreira. As coisas correram bem para um principiante. De Lisboa é enviado para Madrid, onde vai ganhar cerca de 20 mil pesetas (o equivalente hoje a 130/140 euros). Mas o trabalho na exigente capital espanhola deu-lhe pedalada, *network* e a visão global que a auditoria consegue dar.

No regresso a Portugal, a Peat Marwick já lhe dava poucas razões para se superar. O convite para integrar um banco emergente, à época ainda sem licença para operar, não podia vir em hora mais oportuna. Nuno Amado integra então a antecâmara do Citibank como *financial controller*. O seu currículo na auditoria foi a rampa de lançamento para um projeto onde tudo estava por ser feito, e esse era um grande fator de sedução para um jovem gestor.

No Citibank encontrou uma equipa de «*rising stars*», muitos deles nomes bem conhecidos da banca portuguesa. Depois de *financial controller*, uma posição que lhe dava visibilidade global na organização, Nuno Amado assegurou o lugar de Recursos Humanos e voltou a ter oportunidade de experimentar o que não fôra ainda feito. «Em 1986/87, fizémos o primeiro *salary survey* da banca em Portugal», recorda. O banco também continuava a inovar, apesar de ser uma instituição de dimensão reduzida. «Tivemos planeado um projeto, bem estruturado, como o da Nova Rede, dois ou três anos antes do lançamento desta e apenas por decisão corporativa do Citi não arrancou», recorda.

Quando uma parte da equipa do Citibank se transfere para o Banco Fonsecas & Burnay, na altura ainda banco público, o nome de Nuno Amado está naturalmente no lote dos «desejados». É-lhe confiada a secretaria-geral do banco, sob a liderança de Pedro Rebelo de Sousa em vésperas de privatização e assegura toda a fase de privatização, cumprindo em rigor o plano que lhe havia sido confiado. Quando o banco é comprado pelo atual BPI, Nuno Amado soube que o cenário seguinte seria menos fácil. Os novos donos iam querer a sua própria equipa, é a lei natural dos negócios. O que veio a confirmar-se. Quem o tinha convidado a integrar o projeto saía, mas ele ficou. «Foi a segunda opção de risco na minha carreira, porque a probabilidade de me enquadrar bem era pouca», confessa. Mas ficou, viveu um ano difícil, talvez o mais difícil, mas cumpriu. Foi o tempo intermédio, até chegar um novo desafio: integrar o Deutsche Bank, a convite do presidente da instituição, Rui Martinho. Disse sim a uma posição interessante: responsável de meios, o que envolvia informática, operações e recursos humanos. A máquina do banco era-lhe entregue. «O objetivo do banco era fazer um projeto de qualidade na banca de investimento que pudesse ter crescimento». No Deutsche, foi à procura do projeto que tinha deixado no Citibank e que o tinha marcado profissionalmente. «Nessa altura, ainda dizia "nós, no Citi"».

Estava há cinco anos no Deutsche Bank quando voltou a mudar de rumo. Desta vez, na sequência de um convite de António Horta Osório, do Banco Santander de Negócios Portugal (BSNP), quando se mudou para o Brasil liderando o projeto do grupo nesse país. Pensou pouco e hesitou ainda menos. «Aceitei ir fazer o mesmo que no Deutsche e a ganhar menos, porque acreditei no projeto e na sua capacidade de crescimento».

Ficou a responder a Eduardo Stock da Cunha, CEO executivo, e tinha sob a sua liderança cerca de 60 pessoas. Quando o banco avançou para a integração da rede comercial (BCI) com o BSNP, Nuno Amado começou a ver a sua aposta concretizar-se. A sua responsabilidade crescia proporcionalmente. 300, 400, 600 pessoas a liderar. Quando em 1989/90, o Santander comprou o Banco Totta & Açores e o Crédito Predial Português, estava preparado para os desafios. Que eram muitos. Integração de equipas, preparação dos sistemas para o euro, construção da arquitetura de um novo grupo, separação das diversas entidades que compunham o Grupo Champalimaud. «Nove meses de trabalho muito árduo. Foi um processo exemplar, com uma grande colaboração entre pessoas de instituições diferentes».

A receita foi sendo repetida ao longo de uma década, à medida que o grupo crescia e se reconfigurava. E parece-lhe hoje mais simples do que imaginou: uma grande proximidade com as pessoas-chave da equipa, muita transparência nos objetivos e nos desafios, sem grandes estudos, mas com metas bem definidas de curto prazo. «Somos particularmente bons na implementação e fizemos todo o processo com pouco apoio de consultoria estratégica». Nuno Amado cumpria a sua ambição: construir de raiz e usar todo o pragmatismo que tinha aprendido.

Em 2004, assume pela primeira vez uma área crucial: a direção comercial, englobando empresas e mais tarde o retalho. Aqui bate o coração do banco e com ele saúde e resistência. É assim que, sem ter procurado ser número um, um lugar com o qual não sonhou, percebeu, uns meses antes do anúncio formal, que tal poderia acontecer. «Senti uma grande honra, com algumas dúvidas e receio, mas também com a certeza de que não iria repetir o estilo, mas sim procurar repetir os resultados». Assim, não será de estranhar que não tenha havido comemorações; este é o homem que assume sem pudores que sempre achou que «podia ser melhor n.º 2 do que n.º 1».

Enganou-se. À frente do Santander já ganhou todos os prémios. Melhor Banco, Melhor Gestor, prémios de RH, melhor *call center* financeiro, muito reconhecimento. «Ir para CEO foi o segundo passo mais difícil da minha carreira, sendo que o primeiro foi trocar a auditoria pela banca».

Para o adolescente que cresceu rodeado de trabalho de manhã à noite, os dias duram, sem esforço, 12 horas: das 8 e meia da manhã às 8 e meia da noite. Impõe-se duas regras: à sexta sai às 19h e trabalha pouco ao fim de semana. «O *stress* no lugar de CEO é muito maior, mas sempre gostei de ter um certo nível de stress». Ainda assim, continua a ver-se mais como um gestor do que como um líder, uma vez que associa à primeira figura a implementação de processos e à segunda uma maior componente emocional e estratégica. «Portugal precisa de muita liderança operacional», considera, e sabe que está particularmente bem posicionado nestes domínios.

Gosta de observar e apreender. Não por acaso, cita «A tentação totalitária» de Jean François Ravel como um dos livros que o marcou quando era jovem, mas sente-se inspirado sobretudo por aqueles com quem trabalhou, como António Horta Osório. Admira a perseverança e a persistência de montanhistas, como o italiano Messner, e o carisma e capacidade de conciliação de Mandela.

O conceito de trabalho é-lhe inato. Nada pode fazer quanto a isso. «As pessoas têm de ter vontade de trabalhar. Não têm de ser santos, mas têm de ser corretos».

Como chegou a número 1? Tem ideias definidas sobre isso. Aprendeu a conhecer-se ao longo do percurso. Sabe, por exemplo, que não sendo um especialista, tem conhecimento em áreas diversas da gestão. Tem um sentido de liderança que classifica de «razoável», mas que o leva a colocar pessoas a trabalhar no sentido comum sem esforço, é gerador de consensos. Diz que lhe falta «um bocadinho» de gestão estratégica, mas sobra-lhe porventura pragmatismo. «Não se pode vender o pão mais barato do que o custo da farinha» é a sua frase.

Nuno Amado é o homem da maratona. Corre sempre, gere o esforço, foca-se na meta. «Nos treinos não se batem recordes e ninguém é campeão a treinar». Tem de ser a valer.

Vítor Neves
CEO da Colep

«Se não for o trabalho, as oportunidades não surgem».

«Um homem normalíssimo». É assim que se define o CEO da Colep. Um engenheiro a quem a gestão foi colocando, etapa atrás de etapa, desafios inesperados. Chegou a número 1, na sua perspetiva, por não ter medo nem de mudar nem de tomar decisões. Mesmo que ser líder não fizesse parte dos seus planos de carreira.

O pai era chefe de escritório de uma empresa importadora de metais e carvão e a mãe era doméstica. Uma típica família de classe média com típicas preocupações práticas ditou, num primeiro momento, as opções de carreira de Vítor Neves, CEO da Colep. «Escolher engenharia marcou, sem dúvida, a minha vida. Se tivesse escolhido outro curso, tenho noção de que o meu percurso teria sido completamente diferente».
Frequentou Engenharia Química a pensar nas saídas profissionais. «No final do curso há uma multiplicidade de ramos de aplicação. Tão depressa tive colegas que foram para os chocolates, como para os vinhos, como para os plásticos». Concentrado na vida profissional, a verdade é que Vítor Neves não tinha, nestes primeiros anos, uma certeza inabalável sobre o queria fazer. «No meu caso, a sorte deve ter desempenhado o seu papel», comenta.
O primeiro emprego surge por convite de um professor de faculdade. Entre três candidatos à multinacional CibaGeigy, é ele o escolhido. O salário eram quarenta e cinco contos (aproximadamente 225 euros), o que em 1985 era «muito bom». Integra a equipa de vendas de uma multinacional que era, na altura, em Portugal uma empresa puramente comercial. O que significa que estava no melhor

lugar possível para dar nas vistas dentro da organização. «Aprendi 80% do que sou profissionalmente na CibaGeigy, pelo ambiente multinacional da empresa», reconhece. As vendas, que alguns viam como um função depreciativa para um engenheiro acabado de sair da universidade, acabaram por se revelar uma grande oportunidade que Vítor Neves soube aproveitar.

«Havia aquela noção de que o engenheiro deveria estar na fábrica, a gerir a produção, mas eu nunca tive esses problemas. Ter começado pelas vendas moldou muito a minha carreira, porque percebi cedo o que é o negócio, a importância do ganhar e perder no mercado, a importância do preço de compra e de venda, a importância entre o relacionamento entre cliente e fornecedor...». Ficou seis anos na CibaGeigy, tendo chegado com 24 anos à chefia de um departamento no qual era responsável pelo mercado português da venda de pigmentos, na área das tintas e plásticos.

Ainda no primeiro emprego, decide frequentar um MBA na Escola de Gestão do Porto. Encurtou para um ano o período normal de dois anos de curso. «A minha intenção era fazer em dois anos, mas o ritmo era tão intenso que, no segundo trimestre, me atirei de cabeça». Trabalhava duas horas por dia e todo o resto do tempo era dedicado ao MBA. «Estudei muito, é incrível como é possível com 28 anos manter um ritmo de estar às 8:30 nas aulas e às 3 da manhã ainda estar a fazer os trabalhos de grupo». A mudança de emprego acontece, nas suas palavras, «mais uma vez por um acaso puro». As possibilidades de carreira dentro da Ciba Geigy em Portugal eram limitadas, porque a empresa era pequena e o topo estava muito perto: acima de uma chefia de departamento, encontrava-se imediatamente o lugar de diretor-geral. «As únicas possibilidades passavam por ir para fora de Portugal, talvez na sede, na Suíça». Um cenário que não se afigurava o ideal. «Naquela altura, sair de Portugal – então para nós, portuenses, sair do Porto – era quase impensável».

É na Escola de Gestão do Porto que o seu futuro se traça, a partir de uma conversa com um dos professores do MBA, José Valente, administrador da Solidal, próximo do líder da Colep, Ilídio Pinho. «Precisava de alguém com as minhas características e perguntou-me se estava interessado. Um puro acaso de um encontro no corredor da escola e foi assim que eu fui para a Colep». Se a entrada foi pacífica, já a função que iria desempenhar decorreu de um processo atípico. «Entrei para diretor de marketing e, passadas duas semanas, o Eng.º Ilídio Pinho chamou-me ao seu gabinete e disse-me que tinha um problema muito sério na fábrica de litografia». Explicado o contexto, o líder da Colep convida-o para chefiar a unidade com a missão de executar o *turnaround*. «Eu caí da cadeira, porque tinha experiência comercial, tinha feito o MBA, mas passar por uma área industrial, quase exclusivamente ligada à produção, era algo que não me passava pela cabeça». Valeu-lhe um conselho de um amigo que lhe esboçou dois cenários alternativos: se quisesse fazer uma carreira de vendas toda a vida, não deveria aceitar; se, ao invés, pensava em fazer outras coisas, devia dizer sim. Disse que sim e a experiência desses anos valeu-lhe, em grande medida, o lugar que hoje ocupa.

A fábrica que foi chefiar tinha um problema de qualidade, produtividade, de moral, de motivação. Que, por sua vez, se refletiam em problemas de serviço ao cliente, devoluções, perda de imagem. Em dois anos e meio, grande parte dos problemas foram resolvidos. «Não digo que eu os resolvi. A minha preocupação é sempre constituir uma equipa e essa foi a única exigência que fiz». Mudou de funções quando a Colep foi vendida a um fundo de investimento. «Uma das primeiras decisões da nova administração foi mudar as coisas e, nessa altura, encarei muito mal a situação. Apesar de ter sido promovido para outro lugar, sentia-me bem ali».

Com a entrada do novo acionista, foram nomeados dois administradores executivos e teve lugar uma reorganização da empresa. Vítor Neves é convidado a assumir a liderança das áreas técnicas. «Que, mais uma vez, era uma área de que não percebia nada». Estava pouco confortável, mas aceitou, mesmo sem ter realmente entendido o alcance da promoção. «Na organização anterior, existiam umas 14 ou 15 pessoas com o título de diretor. Com aquela reorganização, passaram a ser quatro e eu era um deles». Permanece nestas funções entre 1994 e 1996, apresenta resultados, mesmo sem ter «o mesmo gozo do desafio anterior».

O passo seguinte foi mais outro «acaso»: o diretor de informática saiu da empresa e o administrador decide ir ao mercado contratar um novo quadro. «Fui falar com ele e disse que achava que era uma má decisão, porque existia uma pessoa na empresa, um colega nosso, que era capaz de desempenhar bem as funções. Isto porque acredito que, mais importante do que perceber muito de informática, é conhecer bem a empresa, para adaptar os sistemas às suas necessidades». No dia seguinte, o mesmo administrador chama-o e diz-lhe que a ideia era boa, mas que em vez do colega que tinha sugerido, seria ele a assumir o lugar. De meados de 1996 até 2001, é diretor de informática, acumulando, aquando da cotação em bolsa, com o lugar de *investor relations*.

É uma etapa que o entusiasma e em que aprende muito. «Deu-me um arcaboiço muito grande, no sentido de mexer com a empresa de uma ponta à outra. Eu, de facto, nunca soube nada de sistemas de informação. Mas correspondeu exatamente àquilo que pensava: conhecendo a organização, é mais fácil pôr os sistemas a funcionar ao serviço da empresa». Em simultâneo, como *investor relations,* colocou em prática a apetência pelas questões de gestão.

No final de 2000, a RAR comprou cerca de 45% da empresa ao fundo de investimento e teve de fazer uma OPA sobre o restante capital. Jorge Ribeiro, o único administrador executivo da altura, decidiu retirar-se e Michael de Melo, que era o presidente da empresa, sugere à RAR nomear Vítor Neves como administrador.

A RAR aceitou a recomendação e fica assim à frente dos destinos da Colep. «Quando fui confrontado com a proposta, foi uma surpresa total. Nunca pensei que pudesse acontecer, nem o ambicionava. Nessa altura, seria a última coisa que podia esperar», sublinha. Sentia-se bem com as funções que desempenhava e com o equilíbrio que lhe permitiam na gestão do tempo, para si próprio e para a família. «Eventualmente, haveria gente com mais expectativas do que eu. Gente mais velha, com maior antiguidade. Mas reagiram todos com o maior profissionalismo». Aceitou o lugar confiante na máxima de que os melhores devem responder aos desafios que lhes são lançados e na experiência que lhe mostrava que, com dedicação e talento, tudo se aprende. «A competência pessoal é, para mim, a mais importante; o resto aprende-se. A formação de base é muito importante, ter os conceitos todos, mas a experiência é determinante». Confessa que esta foi uma lição que retirou do contacto com Ilídio Pinho: «Ele não tinha medo nenhum de mudar e eu também não tenho. Não podemos eternizar situações».

Até 1994, a Colep era fundamentalmente uma empresa portuguesa que tinha feito uma primeira aquisição de uma fábrica em Espanha. Michael de Melo, pelos anos que passou nos Estados Unidos e por toda a sua experiência, trouxe para dentro da empresa a ambição do crescimento e de sair das fronteiras, expandindo o negócio e expandindo a empresa. Quando Vítor Neves assume a liderança, em 2001, a Colpe já era bastante mais internacionalizada. A entrada da RAR acontece num contexto em que estava tudo «perfeitamente definido em termos de estratégia». Vítor soube interpretar essa estratégia e dar-lhe oxigénio. «Envolvemo-nos num processo de internacionalização intenso, em que começámos a relacionar-nos com toda a indústria em termos europeus». O que conduziu em 2004 à fusão com a CCL, à construção de uma fábrica na Polónia e que teve como corolário a compra do maior concorrente em 2009. Quando iniciou funções de CEO, Vítor liderava uma empresa com faturação de 100 milhões de euros; em 2010, a mesma empresa faturava 400 milhões de euros.

O sucesso mede-se nos resultados, mas Vítor Neves não deixa de se considerar uma pessoa «normalíssima». «Sou um líder, mas um líder não pode deixar de ser gestor. Precisa de perceber as decisões a tomar para o progresso da empresa e tem de ter as características de liderança para ser capaz – juntamente com a equipa – de as implementar. Ao líder, exige-se uma coisa fundamental que é capacidade para tomar as decisões difíceis».

Com 10 anos de liderança num dos mais importantes grupos nacionais, Vítor Neves revê-se na filosofia do trabalho como a via que leva às oportunidades. Ainda assim, não desmerece o fator sorte. «A verdade é que, se não for o trabalho, as oportunidades não surgem. Mas acredito no fator sorte, acredito que muitas vezes as carreiras são determinadas pelo acaso».

II PARTE

Talento

Para fazer este livro, entrevistámos pessoas com talento. Pessoas com muito talento para fazerem aquilo que fazem. Mas o que é isto do talento? É alguma característica maravilhosa com que se nasce? É uma forma superior de ser que se desenvolve? É só para alguns ou é mais democrática e «dá» para todos?

Quando em gestão se começou a utilizar esta palavra mais frequentemente, lembrei-me de uma parábola bíblica que em tempos tinha lido e que logo fui reler. Para não obrigar o leitor a ir procurá-la, ei-la:

Parábola dos talentos (Mt 25,14-30)
[14]«Será também como um homem que, ao partir para fora, chamou os servos e confiou-lhes os seus bens. [15]A um deu cinco talentos, a outro dois e a outro um, a cada qual conforme a sua capacidade; e depois partiu.

[16]Aquele que recebeu cinco talentos negociou com eles e ganhou outros cinco. [17]Da mesma forma, aquele que recebeu dois ganhou outros dois. [18]Mas aquele que apenas recebeu um foi fazer um buraco na terra e escondeu o dinheiro do seu senhor.

[19]Passado muito tempo, voltou o senhor daqueles servos e pediu-lhes contas. [20]Aquele que tinha recebido cinco talentos aproximou-se e entregou-lhe outros cinco, dizendo: "Senhor, confiaste-me cinco talentos; aqui estão outros cinco que eu ganhei." [21]O senhor disse-lhe: "Muito bem, servo bom e fiel, foste fiel em coisas de pouca monta, muito te confiarei. Entra no gozo do teu senhor."

[22]Veio, em seguida, o que tinha recebido dois talentos: "Senhor, disse ele, confiaste-me dois talentos; aqui estão outros dois que eu ganhei." [23]O senhor disse-lhe: "Muito bem, servo bom e fiel, foste fiel em coisas de pouca monta, muito te confiarei. Entra no gozo do teu senhor."

[24]Veio, finalmente, o que tinha recebido um só talento: "Senhor, disse ele, sempre te conheci como homem duro, que ceifas onde não semeaste e recolhes

onde não espalhaste. ²⁵Por isso, com medo, fui esconder o teu talento na terra. Aqui está o que te pertence." ²⁶O senhor respondeu-lhe: "Servo mau e preguiçoso! Sabias que eu ceifo onde não semeei e recolho onde não espalhei. ²⁷Pois bem, devias ter levado o meu dinheiro aos banqueiros e, no meu regresso, teria levantado o meu dinheiro com juros." ²⁸"Tirai-lhe, pois, o talento, e dai-o ao que tem dez talentos. ²⁹Porque ao que tem será dado e terá em abundância; mas, ao que não tem, até o que tem lhe será tirado. ³⁰A esse servo inútil, lançai-o nas trevas exteriores; ali haverá choro e ranger de dentes.'"»

Parece-nos um fim um pouco cruel para este último servo, mas ele reforça o que é, para mim, a mensagem desta passagem bíblica aplicada no contexto deste livro.

Independentemente das nossas crenças religiosas, todos nascemos com um conjunto de competências, capacidades (em potência), para além da dívida ao código genético dos nossos progenitores. Competências que não são mais do que características pessoais (que derivam de aptidões, diversos tipos de inteligência, personalidade) e que nos permitem agir no mundo que nos rodeia. Aquilo que a parábola nos transmite é a nossa obrigação de, enquanto seres humanos integrados em comunidade, nos preocuparmos com o desenvolvimento dessas competências/capacidades, de forma a melhor contribuir para o bem, o que quer que este bem queira dizer. Nascemos com determinado potencial e a nossa missão é realizá-lo na sua plenitude. «Talento» poderá ser entendido, neste contexto da gestão, como o desenvolvimento de determinadas competências/capacidades, ao limite do possível, a cada momento.

Esta parábola traduz uma evidência na vida das organizações: quanto maior for o nosso potencial, maior a responsabilidade que temos de o realizar. Numa perspetiva mais metafísica, temos a responsabilidade perante o universo de desenvolver ao máximo o nosso potencial de participação na sua evolução.

E isto é o que fizeram, à escala das suas possibilidades, as pessoas cujas histórias tivemos o prazer de converter neste livro. Estes protagonistas assumiram claramente a mensagem da parábola dos talentos e devolveram (e continuarão a fazê-lo) aos *stakeholders* resultados que refletem o desenvolvimento das suas competências de gestão.

Haverá inúmeras definições de talento, talvez uma por cada pessoa que escreve sobre estes temas. Não querendo ficar atrás, aqui vai mais uma: **o talento corresponde ao resultado do desenvolvimento contínuo de determinadas competências/capacidades, exercendo atividades que nos dão muito prazer, através de uma prática intencional de melhoria constante.**

Desta definição emergem três dimensões: competência, motivação e prática intencional de melhoria.

Ninguém desenvolve talento em atividades de que não gosta. Não vejo o Frederico Gil (um dos nossos melhores tenistas) a alcançar os resultados que obtém, se não adorasse jogar ténis. Sempre gostou, desde pequeno, como muitos outros que ninguém sabe quem são. A diferença é que ele (e já agora o pai) gostavam tanto daquilo, que o Frederico passava a vida a jogar, de preferência com quem jogasse melhor do que ele (rapidamente afastou o pai desse conjunto de adversários) e, quando achou que precisava de ajuda para evoluir, arranjou um treinador que o acompanhou na prática intencional de melhoria ao longo de muitas e muitas horas de treinos. Muitos mais Fredericos poderiam existir, se os seus percursos fossem semelhantes.

Ter talento requer esforço, tempo, dedicação, prescindir de muito para investir em determinada atividade. Ter talento implica percorrer um caminho, muitas vezes penoso, mas fascinante para quem o percorre, e que exige do visado uma superação diária.

Foi o que aconteceu com os profissionais que entrevistámos e com muitas outras pessoas talentosas que por aí andam. Os nossos entrevistados foram fazendo as suas carreiras onde o desafio andava a par do limite das suas competências. Quando já dominavam algo, tinham de entregar mais do que esse algo, porque fazer mais do mesmo não os motivava. E foram muitos anos destes desafios e superações constantes, juntamente com formação/treino e acompanhamento, que transformou as suas competências em talento. Talento para gerir e o direito de chegar ao topo. Ao lerem as suas histórias, irão encontrar em cada uma delas este padrão de conversão de competência em talento.

Mas as suas histórias, como a do Frederico Gil, também nos indicam outra coisa: são necessárias muitas horas de prática (Malcolm Gladwell, no seu livro Outliers refere que são pelo menos dez mil) para que uma competência se transforme em talento. São escassos, e provavelmente por motivos de contexto, os exemplos onde menos prática produz melhores resultados de uma forma consistente. Todas as pessoas que entrevistámos trabalharam mais de dez mil horas para chegar onde chegaram. Todavia, dirão os mais céticos quanto a estes assuntos da competência e do mérito, muitos outros há com as mesmas horas de experiência. É um facto. No entanto, não bastam as horas de experiência, com já atrás referi. É necessário que sejam horas de experiência intencional, ou seja, horas em que as tarefas que estão a ser desempenhadas estejam no limite do desafio/competência. E esta é a dificuldade na gestão de recursos humanos nas empresas, no que a desenvolver talento diz respeito. Na generalidade dos casos, não se consegue que as carreiras das pessoas se façam nesta relação competência/desafio. Isso aconteceu nos casos que retratamos. E está nas mãos de todos pelo menos tentar, mesmo que, na organização onde trabalham, não exista uma preocupação sistematizada com isso.

Mas será que, agora que chegaram ao topo, os níveis de energia e motivação destas pessoas permanecem suficientemente altos para continuar a evoluir?

Depende. (Como me ensinou um professor, esta é a melhor resposta para qualquer pergunta que tenha a ver com gestão.) Não irei citar casos concretos, porque não seria elegante, mas algumas das pessoas que chegam ao topo podem estagnar no que diz respeito a continuar a desenvolver mais talento. Pode dar-se o caso de o dia a dia se transformar numa rotina sem desafios, ou as pessoas podem começar a desenvolver outros interesses e canalizar a sua energia e motivação para eles, ou ainda terem chegado ao ponto máximo da sua ambição naquela área. Não que isso as faça regredir no nível do talento que já possuem. O que acontece é que a evolução deixa de acontecer e mesmo a motivação pode diminuir, o que poderá levar à deterioração dos resultados organizacionais. Ninguém produz resultados de excelência, a não ser que ser esforce muito e isso requer motivação.

Assim, o talento na gestão tem um ciclo de evolução, de patamar em patamar, em que o nível de cima é sempre mais complexo que o anterior. Quando os desafios acabam, o mais que se pode esperar é que as pessoas mantenham um determinado desempenho constante no patamar em questão, ou até menor, consoante os seus níveis de motivação. É neste momento que devem ser tomadas decisões de mudança/promoção/afastamento e substituição, relativamente aos gestores em causa.

Nos capítulos que se seguem, irão ser apresentados um conjunto de fatores que parecem ser comuns à generalidade das pessoas entrevistadas e também a muitos e muitos quadros de empresas bem sucedidos, mesmo não sendo CEO, que, ao longo dos anos, tenho tido o prazer de entrevistar, no decurso da minha atividade profissional. Procurámos ilustrar os fatores com exemplos retirados das entrevistas, para tornar mais viva a explicação. É importante sublinhar que, ao escolher um exemplo de determinada pessoa, isso não significa que esse fator não esteja presente ou não se aplique aos outros entrevistados, nem tampouco que se aplique em maior escala à pessoa citada do que aos outros. É simplesmente uma escolha subjetiva, pois dar exemplos de cada um tornava o livro muito grande e, acredito, menos interessante. Mas avancemos para a descoberta dos fatores de sucesso.

Fatores de sucesso

1 – APROVEITAMENTO ESCOLAR ACIMA DA MÉDIA

Existindo ou não algum estudo que correlacione diretamente notas altas com sucesso profissional, a verdade é que a generalidade dos entrevistados relatou ter tido notas acima da média durante os tempos de estudo. Veja-se o caso de Luís Reis, segundo melhor aluno dos últimos 20 anos em Coimbra, Luís Paulo Salvado que saiu do Fundão diretamente para o Instituto Superior Técnico com uma média de 19, ou ainda os 19 valores com que Eduardo Moradas terminou o curso de Gestão na Universidade Católica, ou ainda Carlos Melo Ribeiro que vendeu livros porta a porta para pagar o seu MBA em Boston com 19 valores, entre outros. Mesmo aqueles que não concluíram uma licenciatura, como é o caso de José Coelho, António Bico, Carlos Barros, obtiveram bons resultados académicos nos níveis de escolaridade por que passaram.

Este fator, embora seja comum às pessoas entrevistadas, é também muito frequente entre os quadros de topo das organizações. Na minha atividade profissional de recrutamento de alta direção, a generalidade das pessoas bem sucedidas que entrevistei teve um aproveitamento escolar acima da média.

Embora esta questão do aproveitamento escolar acima da média possa estar ligada à inteligência geral (como abordaremos de seguida) está também correlacionada com, pelos menos, as seguintes quatro dimensões: sentido de dever, capacidade de entrega, gosto por aprender e capacidade de adiar o prazer.

2 – SENTIDO DO DEVER

Um dos fatores mais importantes para qualquer CEO é, de facto, o **sentido do dever**. Foi patente na generalidade dos entrevistados o seu sentido de dever, relativamente a todos os *stakeholders* (clientes, colaboradores, fornecedores, acionistas, sociedade). Embora, na maioria dos casos, os entrevistados revelassem uma grande paixão pelo que fazem, por vezes há decisões que se tomam e caminhos que se escolhem, que estão mais dependentes do sentido de dever do que de aspetos de prazer. Este sentido do dever acaba por funcionar como um mecanismo de autocontrolo que permite manter a rota, apesar de potenciais distrações.

Todos nos lembramos, certamente, dos nossos tempos de escola, em que as solicitações para fazer coisas alternativas a estudar e ir às aulas eram muitas. Nestas situações, é o sentido de dever que diferencia as escolhas que se fazem.

Será que este sentido do dever é uma competência ou faz parte da personalidade? Desenvolve-se ou é inato? Haverá, certamente, opiniões diferentes, quando confrontamos os psicólogos com esta questão. No entanto, creio tratar-se de uma questão de personalidade e acredito que o sentido do dever tem duas origens: genética e aprendizagem. Não querendo aqui abrir a discussão sobre o que é mais determinante na personalidade, se o herdado se o adquirido, o adquirido tem, sem dúvida, algum peso. Assim, este sentido do dever pode ser «moldado», mas numa idade precoce. Não será de esperar, em geral, que um jovem irresponsável, sem qualquer sentido do dever, se transforme num adulto com elevado nível de responsabilidade. Reparem que referi «em geral», claro está que existirão exceções que confirmam a regra.

Desta forma, e sem correr grande risco de errar, diria que a responsabilidade/sentido do dever é uma dimensão, sem a qual dificilmente se chega a CEO. Mais, geralmente esta característica pessoal pode ser avaliada desde a juventude e está nas mãos dos educadores fazerem algo para a desenvolver.

Para falar em exemplos em que este traço se manifestou desde cedo, temos o exemplo que nos traz Carlos Barros que refere que, ainda em início de carreira, na ICL, até fez de motorista da equipa técnica, quando era necessário acompanhar mais clientes e todos estavam esgotados.

Termino os comentários sobre esta dimensão com a ideia de João Leandro, que refere que chegar a CEO é, de alguma forma, chegar ao «fim da linha» e que a responsabilidade de decidir bem é quase um dever.

3 – CAPACIDADE DE ENTREGA

Esta característica ressalta sobremaneira em todos os entrevistados. Pode argumentar-se que, na maioria dos casos, quando se chega a CEO de uma grande empresa, existe um conjunto de pessoas que «aliviam» a carga do dirigente. Isto pode ter algum (pouco) grau de verdade, mas é necessário não esquecer que o caminho até lá chegar é muito árduo e que só com uma grande capacidade de entrega se consegue percorrê-lo.

Mais uma vez, esta dimensão pode ser verificada logo em idade precoce e, em especial, nos estudos e/ou tarefas profissionais efetuados antes de entrar no mercado de trabalho em idade adulta. Uma vez mais, estamos na presença de um traço de personalidade e não de uma competência a ser desenvolvida. No entanto, esta característica de personalidade é, do meu ponto de vista, mais difícil de desenvolver. Está relacionada com o que os psicólogos designam por necessidade de realização, ou seja, a necessidade que uma pessoa tem de atingir os objetivos que lhe são atribuídos ou que se propõe atingir. Pessoas com este tipo de necessidades dificilmente se satisfazem com a mediania e são capazes de grande entrega, mesmo à custa de sacrifícios pessoais, para garantir que os seus objetivos são atingidos.

Como se pode imaginar, pessoas que desempenham funções, como as dos nossos entrevistados, em organizações como aquelas em que eles trabalham, têm tido ao longo da sua vida profissional inúmeros desafios que exigiram enormes sacrifícios pessoais e elevada capacidade de entrega. Veja-se o exemplo paradigmático desta capacidade de entrega na fuga de José Coelho de casa dos pais, na juventude, em Angola, para poder ir estudar. Como o pai achava que o futuro dele era tratar da quinta, não lhe permitiu ir para Luanda estudar. No entanto, a sua determinação e capacidade de entrega foi tal que acabou por ir, tendo conseguido o seu intento.

Também, relativamente a esta característica, pode haver exceções na sua inferição apenas pelo aproveitamento acima da média. Pode dar-se o caso de um jovem não se ter sentido atraído pela aprendizagem das matérias lecionadas e ter direcionado a sua necessidade de realização para outros objetivos que não o de conseguir boas notas e acabar por fazer muito bem aquilo a que se dedicou alternativamente. Das entrevistas que realizámos, salientamos os exemplos de Melo Ribeiro, da Siemens que, embora não se possa dizer que tenha sido um aluno «apenas» suficiente, se entregou a uma tarefa dificílima para o pouco tempo que teve para o efeito, tendo em consideração aquilo que pretendia, que foi a de aprender alemão, para obter uma bolsa de estudo na Alemanha, após terminar a sua licenciatura. Exemplos típicos de alguém que consegue o que quer, desde que o considere fundamental.

Assim, importa referir que, embora as notas possam ser um bom indicador da necessidade de realização/capacidade de entrega, não são o único e nem sempre estão relacionadas. No entanto, quando não estão, é necessário que essa capacidade de entrega se tenha verificado em outras dimensões da vida.

Exemplo paradigmático é o de Jorge Martins, aquando dos primeiros anos da Martifer, onde trabalhar 12 horas por dia correspondia ao horário normal de trabalho. Naquela altura, com as exigências de entregas e com a ainda pequena estrutura da empresa, muitas foram as noites dormidas na fábrica, para que tudo fosse entregue a tempo e horas, de modo a honrar os compromissos.

Temos ainda o caso de Luís Reis que, de consultor dois dias por semana para a Sonae, passou a trabalhar seis e a assumir a responsabilidade do Marketing do Grupo, sem que a sua categoria inicial se tivesse alterado; alterada foi a forma como se sentia, plena de realização e com claros objetivos a atingir.

4 – CURIOSIDADE INTELECTUAL/GOSTO POR APRENDER

Também o **gosto por aprender** é algo comum à generalidade dos entrevistados. Para ter uma ideia, a maioria dos CEO aqui retratados procurou formação pós-graduada e revelou que esta foi importante na sua vida. Assim, diria que a curiosidade intelectual é uma das características que todos os nossos entrevistados mostram possuir e que já revelavam através do seu bom aproveitamento escolar.

Ao contrário das dimensões anteriores, o gosto por aprender pode ser desenvolvido em outras idades que não na juventude. Embora esta opinião possa ser discutível, o facto é que, ao longo da minha vida profissional, até na minha qualidade de professor universitário, já conheci muitas pessoas que desenvolveram mais tardiamente o gosto por aprender. Em certos casos, a aprendizagem transforma-se numa aventura que, uma vez iniciada, parece «enfeitiçar» as pessoas, levando-as a querer descobrir novas realidades. Mas uma coisa é certa: sem este gosto, dificilmente se chega a CEO; até porque, como concordarão, neste mundo em permanente e galopante mudança, a ausência de aprendizagem não permite a ninguém ser agente de mudança, coisa que todos os nossos entrevistados são.

É curioso como José Serrano Gordo fala das passagens pelos vários projetos nos Açores e, depois, de uma empresa de construção civil e do que o levou, a certa altura, a procurar novos desafios fora do IAPMEI, no Grupo Vista Alegre: a procura constante de novas áreas, de experiências complementares.

Por outro lado, Jorge Martins dá o testemunho de ser o primeiro a frequentar um MBA, quando sentiu que na Martifer este tipo de formação era importante para os seus quadros, porque lhes trazia o contacto com outros negócios, outras formas de pensar, outras realidades.

5 – CAPACIDADE PARA ADIAR O PRAZER

A capacidade de adiar o prazer é outra dimensão que a generalidade dos nossos protagonistas revelaram ter.

Gosta de pizza? Gosta mais da parte do meio ou da parte de fora? Qual come primeiro?

Estas perguntas foram feitas a um conjunto de crianças pequenas. Como é normal, algumas disseram que sim e outras que não. Das que disseram sim, a grande maioria disse preferir a parte do meio. Quanto a qual das partes comiam primeiro, as respostas variaram. No entanto, estudos indicam que as crianças que deixam para o fim a parte de que mais gostam, têm mais probabilidade de vir a ser bem sucedidas no futuro. Porquê? Capacidade de adiar a gratificação.

Pessoas com esta capacidade tendem a conseguir fazer esforços maiores no presente, desde que estejam convencidas de que no final serão recompensadas. Saber adiar a gratificação em qualquer coisa que fazemos na vida, parece ser uma chave importante de sucesso.

Mas para além de ser importante para a componente material da vida, também parece sê-lo para a componente do equilíbrio e do bem-estar. Nas nossas tarefas quotidianas, existem coisas que gostamos de fazer e outras de que não gostamos mesmo nada, mas que têm de ser feitas. Se aprendermos a fazer primeiro o que não gostamos, deixamos para o fim o prazer de ter mais tempo para o que realmente gostamos, o que nos leva a terminar o dia com outra disposição. Há pessoas que fazem o contrário: gozam primeiro e deixam para o fim aquilo que os aborrece; na juventude, é assim com os trabalhos da escola que são quase sempre deixados para o fim; em adultos, nos fins de semana, primeiro saem e divertem-se e depois fazem as tarefas mais aborrecidas; no trabalho, a mesma coisa. Não é de estranhar que pessoas assim tenham menos alegria de viver e atinjam resultados menos ambiciosos.

Esta é uma das primeiras lições que António Refoios aprendeu como *consultor* da Deloitte em início de carreira e que o guiou até hoje: «começa sempre por fazer o que não gostas».

Cláudia Almeida e Silva «experimentou» o mundo da consultoria na Coopers and Lybrand, num estágio a ganhar metade (adiando o prazer de vir a ganhar mais) do que ganhava anteriormente, como uma experiência complementar à que até então tivera no meio criativo. Valeu a experiência e o que dela retirou.

Por último, vejamos a imagem que nos transmite Nuno Amado, um corredor de fundo: «nos treinos não se batem recordes e ninguém é campeão a treinar, mas são fundamentais; depois tem de ser a valer».

Este equilíbrio e paciência de saber esperar pela gratificação parece ser uma chave importante para o sucesso profissional e pessoal.

Pelo menos três das quatro dimensões que acabamos de referir são, pela sua natureza, dimensões intimamente ligadas com o desenvolvimento do talento: capacidade de entrega, gosto por aprender e capacidade de adiar o prazer.

ANEXO 1 – Vários tipos de inteligência acima da média

Todos os nossos entrevistados revelaram possuir um nível de inteligência geral acima da média. O elevado aproveitamento escolar, em alguns casos sem grande esforço, é prova disso. Este tipo de inteligência pode ser dividido em analítica/matemática e linguística, e é com base neste enquadramento que são criados os famosos GMAT, testes a que os candidatos a MBA nas melhores escolas do mundo têm de se submeter.

Durante muito tempo, acreditou-se que as pessoas mais inteligentes seriam as que tinham mais sucesso na vida. No entanto, vários estudos demonstraram que existe muito pouca correlação entre inteligência geral e êxito na carreira profissional. Um elevado nível de inteligência garante a entrada na profissão para a qual a pessoa se preparou, mas não garante a progressão e o sucesso nessa mesma carreira. Ou seja, é um fator necessário mas não suficiente.

Então, como explicará este fator a carreira dos nossos entrevistados?

Em 1983, no seu livro *Frames of mind*, Howard Gardner abre a porta à discussão do conceito das múltiplas inteligências. Na referida obra, Gardner apresenta sete tipos de inteligências:

1. Linguística;
2. Lógica/matemática;
3. Musical;
4. Física/cinestésica;
5. Espacial;
6. Interpessoal;
7. Intrapessoal.

Mais tarde, no seu livro de 1999, *Inteligence Reframed*, Gardner propõe um tipo diferente de inteligência, a que dá o nome de inteligência filosófica e que combina as inteligências espiritual, moral, emocional, transcendental, cósmica e religiosa.

Esta abordagem de Gardner abre caminho a novos estudos sobre inteligência e sucesso e, em 1993, são publicados os resultados de um estudo realizado pela Bell Labs que teve como objetivo perceber o que é que distinguia os *top performers* das pessoas «normais». Segundo os resultados desse estudo, existia uma grande diferença entre os mais bem sucedidos e os médios em dois fatores: competência de relacionamento interpessoal e *network*. Os mais bem sucedidos eram pessoas que se relacionavam melhor com os outros e tinham uma rede de contactos mais vasta.

Na sequência deste estudo, em 1995, Daniel Goleman escreve o seu livro *Inteligência Emocional*, onde apresenta, de uma forma sistematizada, os conceitos das inteligências interpessoal e intrapessoal de Gardner numa só, a que deu o nome do título do seu livro: inteligência emocional. Pela primeira vez, o mundo dos negócios, de uma forma global, tomou consciência daquilo que, há muito, se procurava para explicar o sucesso e que devia acompanhar a inteligência geral: a aplicação da inteligência ao relacionamento interpessoal.

Claro que este tipo de inteligência não dispensa um nível de inteligência geral, compatível com as crescentes necessidades de análise, síntese e tomada de decisão que uma carreira ascendente implica. Daí que a generalidade dos nossos entrevistados, como já foi dito, evidencia possuir esse tipo de inteligência (embora só poucos tenham sido os melhores dos seus cursos). Mas, para além desta, todos eles apresentavam, claramente, um nível de inteligência emocional acima da média.

Considerando os exemplos de José Joaquim Oliveira, da IBM, Carlos Barros, da Fujitsu e Vítor Neves, da Colep, as suas competências relacionais ficaram bem evidenciadas no início da carreira, quando foram vendedores: todo eles ao nível dos melhores nas suas respetivas organizações. Também António Bico, da Zurich, e João Costa, da Matutano, como vendedores de sapatos na sua juventude, já revelavam queda para a relação com os outros. Como é sabido, o sucesso na carreira comercial está profundamente ligado a competências interpessoais. Mas não é só na atividade comercial que estas características se revelam. No caso de Nuno Amado, do Santander, desde cedo lhe foram reconhecidas essas competências, tendo acumulado frequentemente o pelouro dos Recursos Humanos com outros que foi tendo.

Mas talvez aqui importe definir o conceito de inteligência emocional. De uma forma simplificada, a inteligência emocional é a inteligência responsável por nos auxiliar a entender a situação/contexto social em que estamos e a escolher a melhor resposta para que a situação evolua de acordo com os nossos interesses.

Esta inteligência é composta por várias competências que podem ser agrupadas em quatro categorias. Na primeira categoria, que pode ser designada por **auto-consciência**, estão englobadas a auto-consciência emocional, auto-conceito adequado e autoconfiança. Na segunda categoria, que se pode designar por **consciência dos outros**, encontramos a empatia, a consciência organizacional e a orientação para servir (ser útil aos outros). Na terceira categoria, **auto-gestão**, temos o controlo emocional, a transparência, a adaptabilidade, a necessidade de realização, a iniciativa e o otimismo. Finalmente, na quarta categoria, **relacionamento interpessoal**, temos a capacidade de desenvolver os outros, liderança inspiradora, a influência, a liderança da mudança, a gestão de conflitos e a colaboração.

Vejamos com mais detalhe cada uma das competências e a sua importância para o sucesso.

Auto-consciência

- Auto-consciência emocional é a capacidade de se ter consciência do que se está a sentir a cada momento. Esta competência desenvolve-se através de uma atitude de observação e interpretação ativa do estado emocional. É quase como sair do Eu e ver de cima o que se está a passar. É conseguir identificar emoções como a raiva, o medo, a alegria, a aversão, a tristeza, entre outras. Esta consciência é importante no momento em que se escolhe a resposta. Todos sabemos que as respostas que damos variam muito com o estado emocional em que se está, e o saber identificar esse estado é o primeiro passo para que as respostas estejam de acordo com os valores pessoais e finalidades pretendidas e não pelo impulso que normalmente as alterações emocionais provocam. Como sabemos, um comportamento que pode dar muito prazer num determinado momento por estarmos com raiva, por exemplo, gritar e/ou humilhar o outro em público, é extremamente disfuncional para o futuro, seja qual for o objetivo pretendido.

  Exemplo desta competência foi demonstrado por Carlos Barros, quando, após um ano de formação no departamento de vendas na Robótica, foi convidado para integrar «oficialmente» a equipa de vendas e se serviu dos conhecimentos adquiridos enquanto telefonista, para utilizar a emoção como instrumento de vendas.

- O auto-conceito adequado significa que a imagem que temos de nós próprios corresponde ao que os outros pensam de nós. Esta dimensão é importante, porque a generalidade do que nos acontece por via de outras pessoas, tem por base o que elas pensam de nós. Se nos considerarmos muito competentes, mas o nosso chefe, os nossos colegas e os nossos colaboradores não o considerarem, então algo de estranho se passa e está aberto o caminho para a confusão e para a frustração. A melhor forma de o saber é ter a coragem de perguntar aos outros o que pensam de nós. Num livro que escrevi, *O Gestor – A arte de Liderar*, propus uma grelha de avaliação exatamente para esse efeito. É muito útil saber o que os outros pensam de nós para que nos apercebamos de eventuais deficiências de comunicação interpessoal, para tomarmos consciência de certos comportamentos e características cuja interpretação desconhecíamos.

  Aqui, temos como exemplo António Refoios que, aquando da sua promoção a Diretor Geral, porque, segundo o próprio, estava preparado, tinha uma visão global da empresa, era respeitado e gerava confiança dentro da empresa e junto dos clientes.

- A autoconfiança é outra das competências fundamentais para o êxito no relacionamento interpessoal. Quando falo em autoconfiança não estou a falar de vaidade ou narcisismo. Estou a falar, isso sim, da característica de segurança que as pessoas que se conhecem bem, têm quando avaliam um desafio como atingível. Esta auto-confiança envolve um certo arrojo, mas uma grande noção da realidade que permite que transmitamos aos outros uma sensação de segurança, quando necessitam de nós como guias/influenciadores das suas condutas. Esta competência é bem visível quando se fala com alguém, e está claramente presente em todos os nossos retratados neste livro.

Mário Barbosa colocou à prova esta mesma característica quando entrou para a McDonalds, onde foi convidado para um lugar que, afinal, seria ocupado por uma pessoa acima dele; mensagem a captar: «Se formos persistentes e eficazes, acabamos por progredir. Às vezes, é preciso dar um passo atrás para dar dois em frente».

Jorge Martins refere (com orgulho) que, nos primórdios da Martifer, nunca teve problemas de entrar nos bancos com calos e tinta nas mãos, pelo trabalho que fazia nas obras. A sua confiança no seu projeto não lhe dava razões para qualquer desconforto.

Carlos Melo Ribeiro, após o primeiro ano de bons resultados na área de Marketing da Siemens, dirigiu-se ao Presidente com a seguinte questão: «O que tenho de fazer para estar no seu lugar daqui a dez anos?».

Consciência dos outros

– Empatia é a capacidade de perceber os sentimentos e emoções dos outros. Normalmente, uma pessoa empática é procurada pelos outros para «desabafar» e é tida por compreensiva. É importante que se faça a distinção relativamente à simpatia. Simpatia é ser agradável com o outro, é uma atitude ativa. A empatia é passiva e visa a compreensão da componente emocional do interlocutor. Uma pessoa empática facilmente escolhe as alturas certas para dizer as coisas certas. Uma vez mais, as funções comerciais são as mais exigentes a este nível. Saber quando fechar a venda é essencialmente um processo conduzido através da empatia. Também em alturas de avaliação do desempenho esta dimensão é fundamental. Para avaliar aspetos mais negativos, sem deixar de dizer o que se pretende, é fundamental assertividade e empatia. Todos os nossos entrevistados são pessoas que não deixam de dizer o que têm de dizer, ou não teriam chegado onde chegaram. No entanto, e até pelas entrevistas efetuadas, revelam possuir um elevado nível de empatia.

Neste ponto, lembro a atitude claramente empática com que António Bico descreve a forma como tratava todas as pessoas que atendia nas sapatarias onde trabalhava nas férias de verão: «Quando um cliente entrava na sapataria, a minha atenção focava-se em que saísse satisfeito. Se era cliente, tinha direito a mexer nos sapatos todos, experimentar os que queria, pedir todas as informações».

- Consciência organizacional é a capacidade de perceber o funcionamento da organização, enquanto conjunto de pessoas com personalidades distintas, objetivos diferentes e dinâmica própria. Muitos dos fracassos em processos de mudança organizacional devem-se, exatamente, aos seus promotores não serem fortes nesta dimensão.

Exemplo de mestria nesta competência pode ser verificado pela enorme mudança operada na Novabase Consulting por Luís Paulo Salvado, que evitou um cenário muito negro e o catapultou como o sucessor natural de Rogério Carapuça, então CEO em exercício. Salienta-se este caso, não porque os outros entrevistados não sejam fortes nesta competência, mas pelo dramatismo da situação que deu origem à necessidade de alterar profundamente a orgânica do negócio, no caso da Novabase.

Outro exemplo é o de Bernardo Bairrão, o gestor convidado para o lugar de CEO da TVI, para quem uma das coisas importantes nesta função é saber gerir conflitos que, sendo naturais, exigem ao CEO que tome decisões em função do que é melhor para a empresa, tendo em consideração como pensa que cada um vai reagir.

- Orientação para o serviço tem a ver com a capacidade e gosto por ajudar os outros, a predisposição para servir. Esta é uma característica que muitos dos funcionários «encalhados» nas empresas não têm. Pensam mais no que os outros podem fazer por eles, do que no que eles próprios podem fazer pelos outros. A longo prazo, esta característica «compensa». Embora no curto prazo, por vezes, não pareça a atitude mais correta e vantajosa, ajudar os outros sem gratificação imediata é um dos ingredientes do sucesso.

Também aqui, desde cedo podemos ver os indicadores desta competência. Vejamos os seguintes exemplos: após terminar o seu curso na Universidade Católica, Cláudia Almeida e Silva ambicionava trabalhar numa missão de um projeto missionário em Moçambique e já no último ano do curso partilhava o seu tempo com o trabalho numa ONG; esta era uma forma de retribuir e de dar um contributo à sociedade. Ana Paula Moutela, ainda estudante de Gestão de Empresas, fez voluntariado no Hospital da Estefânia.

Auto-gestão
- Controlo emocional significa não agir por impulso e sob o comando da emoção que nos governa a cada momento. É mais grave, quando não se controlam os efeitos das emoções negativas, do que os das emoções positivas. Muitas vezes, o carisma está associado à exteriorização das emoções

positivas, que contagia os outros de otimismo. Mas, mesmo essas, devem ser exteriorizadas com perfeito conhecimento do pretendido e não de uma forma completamente impulsiva, sob pena de poder parecer desequilibrado. Em todos os nossos entrevistados, se nota uma grande capacidade de controlo emocional, havendo, no entanto, variações no nível da impulsividade. Jorge Martins, Eduardo Moradas, Nuno Amado e Cláudia Almeida e Silva aparentam ser o controlo emocional «em pessoa». Por oposição, pessoas como António Coimbra, Carlos Barros e Carlos Melo Ribeiro apresentam um registo menos contido. Esta dimensão é a responsável por avaliarmos as pessoas como mais racionais ou mais emocionais, e não se pode dizer que haja um nível ótimo, à semelhança de outras variáveis que, quanto mais se possuam, melhor.

– Transparência é apresentada por Goleman como sendo honestidade e fiabilidade. Para se subir numa organização, esta é uma variável fundamental e arrisco mesmo dizer que é, também, fundamental para o sucesso como ser humano. Como todos os líderes de sucesso sabem, as equipas perdem-se quando o líder deixa de ser merecedor de confiança. Mentiras e promessas não cumpridas são o pior inimigo da ascensão organizacional e da liderança eficaz. Mais uma vez, esta é uma variável na qual todos os nossos entrevistados pontuam alto. Não que tivéssemos oportunidade de avaliar isso somente através de uma entrevista, mas principalmente pela imagem que o mercado e as pessoas das suas organizações têm deles.

– Adaptabilidade aparece como sendo a capacidade de modificar as atitudes e os comportamentos consoante o contexto, bem como a capacidade de não ficar preso a rotinas que impeçam a obtenção de bons resultados em cenários distintos. Como é fácil de compreender, esta é uma dimensão cada vez mais decisiva, tendo em consideração a velocidade a que tudo muda e a que as coisas acontecem.

Luís Magalhães aprendeu desde jovem a adaptar-se às circunstâncias, até por uma questão de sobrevivência; lembra-se de, no ano «quente» de 1974, ainda em Luanda, reagir ao perigo com adaptação às circunstâncias pelas quais estava a passar. Nas suas palavras, «o Homem é um sobrevivente; protege-se do que lhe faz mal».

António Casanova, aquando da sua passagem para a Banca, viu uma clara oportunidade de mudança no que era até então o marketing de produto bancário; trazia ideias frescas e «sangue novo» que lhe permitiam adaptar à Banca muito do que eram as mais eficazes técnicas de marketing noutros negócios e, com isso, fez furor.

Por último, José Joaquim Oliveira evoluiu extraordinariamente, de um jovem tímido e um técnico brilhante, até ao José Joaquim Oliveira que vende, faz discursos para a sua organização, profere palestras para clientes. Quem não o conheceu em início de carreira acha que tinha nascido vendedor.

- Uma elevada necessidade de realização, entre outros benefícios, faz com que as pessoas cumpram regularmente os objetivos a que se propõem, fator fundamental para o sucesso nas organizações. Isto, porque o medo do fracasso está associado à necessidade de realização, o que leva as pessoas a serem prudentes quando estabelecem objetivos.

  A necessidade de criar é um timbre no percurso de Luís Paulo Salvado. Ainda estudante, criou duas empresas que ainda hoje existem. Por outro lado, temos as palavras de Carlos Barros: «quando lançamos um projeto novo, eu sou o primeiro a ir vendê-lo».

  Esta é, claramente, uma dimensão muito associada ao talento.

- Iniciativa e otimismo estão patentes em todos os nossos entrevistados. Obviamente que, sem iniciativa, as pessoas não se destacam e, sem otimismo, pode faltar-lhes a energia para empreenderem e ultrapassarem as dificuldades que um processo de ascensão organizacional implica.

  Iniciativa é algo muito familiar a António Coimbra, característica presente desde o primeiro dia na Telecel/Vodafone. Este CEO refere que a inovação foi sempre uma forma de fidelizar os clientes e que foram «pioneiros no lançamento do serviço de atendimento 24 horas por dia e 7 dias por semana, assim como na faturação detalhada».

  António Bico, ainda na sua função técnica e a propósito do pagamento de um sinistro decorrente de estragos causados pela neve, foi ao Instituto de Meteorologia, informou-se de todos os detalhes técnicos e, com a terminologia correta, redigiu uma nova proposta.

Relacionamento interpessoal

- Desenvolver os outros está diretamente relacionado com os processos de sucessão e todos os líderes de sucesso o sabem. É mais fácil ser-se promovido quando existe alguém preparado para nos substituir. Por outro lado, o resultado de uma equipa é tanto melhor, quanto melhor for o desempenho de cada um dos seus elementos. Esta é uma realidade que todos os líderes de sucesso sabem e procuram influenciar. Em especial nos lugares mais altos, onde o custo de falhar é maior, ter colaboradores com elevada capacidade de execução faz toda a diferença.

– Liderança inspiradora pode ter dois entendimentos, igualmente importantes. O primeiro é o líder ser um exemplo a seguir, pelas suas características humanas e estratégicas. O segundo é o que normalmente se designa por carisma, ou seja, ter um magnetismo quase inexplicável.

Desde cedo, ainda como sub-chefe de secção, João Leandro, na sua condição de líder, dedicava um dia por mês a cada pessoa da sua equipa, para validar *performance* e objetivos. Porquê? Para motivar e para ajudar a resolver problemas.

Jorge Martins explica porque é que a Martifer conseguia, no início, fazer chegar ao mercado estruturas a preços altamente competitivos, com poucos recursos: «Os outros não tinham a motivação das pessoas e a garra que nós tínhamos. A diferença era a forma como estávamos organizados e a transpiração que colocávamos na forma como trabalhávamos».

– Já a influência é uma competência que vai para além do processo de liderança. Influência é a capacidade de levar pessoas, sobre as quais não temos qualquer tipo de poder hierárquico, a fazerem ou a decidirem tendo em conta a nossa vontade. Como se pode imaginar, é uma variável determinante para o sucesso pessoal e profissional, e que não falta a nenhum dos nossos CEO.

Neste contexto, lembramos as palavras de Carlos Barros: «tenho de saber gerir, mas o mais importante é abrir o caminho e influenciar o resultado»;

Ana Paula Moutela refere também: «há que inspirar as pessoas e levá-las a atingir um objetivo comum».

– A capacidade de gerir a mudança vai para além da adaptabilidade, uma vez que implica empatia e consciência organizacional, de forma a conduzir os outros ao êxito, sempre que exista a necessidade de mudar. A generalidade dos fracassos nos processos de mudança deve-se, essencialmente, à falta de domínio sobre os processos psicossociais que a mudança provoca. Dizia-nos Luís Paulo Salvado que o MBA que fez e os livros que ainda conserva, foram de importância crucial para o processo de mudança por si liderado. E os resultados falam por si: a «coisa» correu bem!

Um outro exemplo igualmente interessante foi o trabalho que Eduardo Moradas desenvolveu na Tranquilidade, onde, pela primeira vez, os agentes viram o reflexo do seu trabalho na estratégia e objetivos da companhia, o que resultou numa renovação desta função. Assim, surgiu uma nova geração de jovens gestores de seguros, muitíssimo mais dinâmicos e focados no negócio e no cliente.

– A capacidade de gerir conflitos é outra das variáveis fundamentais para qualquer gestor de pessoas. Um conflito é uma situação onde os recursos são escassos (nem que seja somente ter razão) e existe uma competição para os obter que produz emoções negativas. Não cabe aqui alongarmo-nos sobre este tema, mas apenas dizer que é uma variável de extrema importância na inteligência emocional e está correlacionada com muitas das dimensões anteriormente apresentadas.

Luís Paulo Salvado lembra como geriu uma situação tão crítica como ter de despedir pessoas. «Usei a técnica de pôr as pessoas mais afetadas a decidirem sobre os assuntos. Num mês e meio, foi dispensado um terço dos efetivos. Se tivesse despedido todas as pessoas que não tinham ocupação, teriam sido dois terços». Hoje dá por bem dado o risco que correu.

– Finalmente, capacidade de trabalhar em equipa é fundamental para qualquer líder, independentemente do nível a que esteja posicionado na organização.

Aqui, vamos falar de exemplos que, só por si, dizem tudo.

(A partilha.) Quando José Serrano Gordo chegou à BP, uma das coisas que mais valorizou, foi o facto de todos trabalharem de porta aberta, em equipa.

(A motivação da equipa.) Na ICL, Carlos Barros fazia parte de uma equipa de seis vendedores; a equipa comercial da concorrência tinha 15 pessoas, mas na ICL estavam focados no objetivo, que era liderar.

(A intensidade, a proximidade.) Após rebentar a «bolha tecnológica», a Novabase foi obrigada a tomar decisões de gestão duras e a acompanhar a evolução dos acontecimentos dia a dia. Luís Paulo Salvado criou o CLIP – um grupo com reuniões todos os finais de tarde (inclusive ao fim de semana), que partilhava as principais decisões.

(O poder da equipa.) José Joaquim Oliveira lembra-nos: «a melhor tecnologia do mundo e a melhor estratégia de mercado sem boas equipas não servem para manter uma empresa na liderança».

(O CEO e a sua equipa.) «Ser o sol no meio das estrelas», diz-nos João Costa.

Como se pode ver, Goleman foi mais longe do que a investigação dos Bell Labs e do que Howard Gardner. A sistematização por si apresentada é, para além do mais, muito instrumental para a programação do desenvolvimento destas competências. Todas as pessoas ditas «normais», nascem e vão desenvolvendo de uma forma não estruturada estas competências. No entanto, para muitos, o resultado obtido por essa via não é suficiente, sendo necessário, para facilitar o sucesso, o desenvolvimento programado de algumas das competências apresentadas.

Podemos dizer, com total certeza, que todos os nossos entrevistados pontuam acima da média nestes tipos de inteligência: intelectual, por assim dizer, e emocional.

Mais recentemente, foi trazido para a gestão um novo tipo ou conceito de inteligência: a Inteligência Espiritual. Foi atrás referido que a inteligência emocional é a inteligência responsável por nos auxiliar a entender a situação/contexto social em que estamos e a escolher a melhor resposta para que a situação evolua de acordo com os nossos interesses. Pois bem, a Inteligência Espiritual é a inteligência que nos diz se, antes de mais, queremos estar nessa situação.

Para melhor compreensão do tema, convém fazer algumas definições. Por espiritualidade, pode entender-se a necessidade humana de ligação com algo mais elevado que transcenda a dimensão humana. Mas o que é que se pode entender por algo mais elevado, que transcenda o ser humano? É acreditar que existe algo para além do nosso ego, ou sentido de nós próprios, que, de alguma forma, nos pode condicionar/influenciar e do qual fazemos parte.

Esta dimensão, a espiritualidade, pode ser ainda definida como tendo duas componentes: uma vertical e outra horizontal. A componente vertical está relacionada com a crença numa entidade superior, algo sagrado e divino, um poder supremo, uma consciência universal ou outro nome que se queira dar a esta realidade acima de nós e da qual esperamos orientação e ligação. A componente horizontal prende-se com a orientação para servir os outros e o planeta em geral.

Uma definição possível de Inteligência Espiritual é a capacidade de entendermos a finalidade da nossa vida a cada momento e de nos comportarmos com compaixão e sabedoria, mantendo a calma interior e exterior, independentemente das circunstâncias.

É comum reconhecer-se um conjunto de características às pessoas assumidamente espirituais, ligadas aos vários tipos de credos. Normalmente, estas pessoas são retratadas como amáveis, possuindo uma grande capacidade de amar o próximo, compassivas e com grande capacidade de perdão, pacíficas, corajosas, honestas, generosas, persistentes, sábias e inspiradoras, apresentando sempre um contentamento típico de quem conhece e gosta do seu posicionamento na ordem natural das coisas. Aparentemente, se o caminho da espiritualidade produz a incorporação destas dimensões, não deixa de ser um caminho «aspiracional». Qual o CEO que não gostaria de ser visto assim e, para além disso, apresentar bons resultados aos *stakeholders*?

Estes conceitos começam a entrar cada vez mais no mundo da gestão, até porque muitos CEO de grandes empresas que já têm tudo o que a vida material e o prestígio podem proporcionar, sentem a falta de algo que, muitas vezes, não sabem explicar. Então procuram fazer um percurso interior que lhes permita reconhecer o que falta, para o tentar atingir. Além disso, este tipo de caminho está associado a algumas técnicas orientais que proporcionam tranquilidade e bem-estar, a que cada vez mais pessoas no Ocidente têm aderido.

Alguns dos CEO entrevistados estão sensíveis e/ou estão nesse caminho de busca, embora não me pareça que isso tenha tido influência decisiva no seu percurso e sucesso profissional. Acredito, sim, é que isso tem forte impacto no seu bem-estar pessoal.

Normalmente, neste tipo de pessoas, estas preocupações aparecem no auge da sua carreira, quando, de repente, percebem que mais nada há a provar e têm assegurado o seu bem-estar e o dos seus. Em muitos casos, após a construção e a realização exteriores, estas pessoas começam a percorrer o caminho da construção interior: uma viagem pelo mundo da consciência, do misterioso e do desconhecido. Este é, normalmente, um caminho de desconstrução do ego e, logo, de maior independência relativamente ao prestígio e à aceitação e admiração por parte dos outros. Mas, como dizem alguns entendidos nestas matérias, há um tempo para tudo e, para se desconstruir o ego, há que tê-lo construído primeiro.

6 – EMPREGOS COM EXPOSIÇÃO A QUEM DECIDE

Uma das situações em que a generalidade dos entrevistados se encontrou nas empresas onde foi progredindo, foi a de exposição ao «chefe máximo». Embora, em muitos casos, pudesse existir uma ou várias chefias intermédias, o seu desempenho era, de uma forma ou de outra, levado ao conhecimento de quem, em última instância, tinha a palavra final sobre o seu futuro.

Aqui, para além dessa exposição poder pôr mais em evidência o mérito, pode ainda acontecer outra coisa: o efeito Pigmalião ou a profecia que se auto realiza. No meu livro «*Psicologia para Gestores*» explico pormenorizadamente como funciona, mas aqui permitam-me uma breve explicação. Este fator prende-se com o facto de considerarmos que uma pessoa tem condições para ir «longe» (independentemente de qualquer critério objetivo de diferenciação face a outros) e começarmos, mesmo de uma forma inconsciente, a tratá-la de outra forma, dando-lhe mais desafios, mais motivação, em suma, um tratamento diferente para melhor. Como sabemos, comportamento gera comportamento e, à medida que se vai sentindo que o «chefe máximo» confia muito em nós, o esforço para não desiludir é enorme, as oportunidades são cada vez maiores, até que chega o dia em que o tal diz: eu bem sabia que ele tinha potencial para chegar longe. Por isso, deixo aqui um conselho: se tem a oportunidade de ter este tipo de exposição, não perca a oportunidade de «brilhar» sempre que está em palco.

Dando exemplos dos nossos entrevistados relativamente a exposição ao topo, podemos ver o de José Coelho. Ao iniciar pela terceira vez uma carreira profissional, ao vir para Portugal, para a Zurich, começou como técnico/comercial: a função mais humilde na área comercial. No entanto, o seu desempenho estava a ser seguido de perto pelo então CEO, que não demorou a promovê-lo. Ou ainda Carlos Melo Ribeiro, na sua primeira missão «difícil» em Portugal, em que foi encarregue de «salvar» uma área de eletrodomésticos que estava nos horizontes de preocupação do então Diretor Geral: conseguiu, superou as expectativas e foi a rampa de lançamento para o que viria a ser uma carreira de grande sucesso. Outro exemplo é o de Diogo da Silveira: desde que veio para Portugal, sempre teve exposição a quem decidia. No caso de José Serrano Gordo, a sua primeira missão na BP foi a de preparar a empresa para a introdução do IVA, missão essa que lhe deu muitíssima visibilidade, externa e internamente.

Luís Reis, da Sonae, sempre teve exposição a quem decide. Enfim, os exemplos poderiam continuar.

Muitas vezes, um dos grandes obstáculos à progressão das pessoas nas organizações é existirem determinadas chefias que, por insegurança, receio de perderem um colaborador importante, inveja, ou outras razões que só os próprios conhecem, bloqueiam a divulgação da competência e do mérito dos seus subordinados. A experiência mostra que, em quase todas as organizações, existem pessoas subaproveitadas, cuja competência e desempenho seriam suficientes para lhes garantir uma carreira de sucesso.

Em teoria, este tipo de situações não deveria existir, até porque é contrária aos interesses da organização. Mas o facto é que acontece porque, quer queiramos quer não, sempre que existam conflitos de interesse, a generalidade das pessoas preocupa-se mais consigo própria do que com a organização. Claro que isto não acontecerá se os interesses estiverem alinhados. Se os incentivos forem no sentido de fomentar a preparação e a promoção do talento, todas as chefias tenderão a comportar-se de forma distinta. Como diria Peter Drucker, «as pessoas não se comportam como nós gostaríamos que se comportassem, comportam-se como nós as incentivamos a comportarem-se». Por isso é que existem inúmeras organizações que não promovem ninguém sem que essa pessoa tenha alguém preparado para lhe suceder. Mas, ainda assim, deveriam existir mais incentivos para que as chefias diretas se interessassem verdadeiramente pela progressão dos seus colaboradores. Talvez se devesse instituir um prémio para todas as chefias anteriores, cada vez que uma pessoa fosse promovida dentro da organização.

Para evitar estas situações de menor transparência e desconhecimento do capital humano, é de toda a conveniência que as organizações possuam sistemas de deteção e desenvolvimento de talentos, com um *output* direto para o CEO. Em última análise, é ele ou ela que têm de garantir a melhor utilização dos recursos para benefício de todos os *stakeholders*. Deixar isto só nas mãos dos Diretores de Recursos Humanos ou de chefias divisionais, é abdicar de informação estratégica para a gestão da organização. Para além disso, garantir que essa informação é canalizada para o nível mais elevado da organização, é um forte incentivo para que todos se envolvam nesse desígnio, que mais não é do que retirar o melhor de todos os colaboradores.

Na generalidade dos percursos analisados, estar na «mira» de quem decide foi um acontecimento fortuito. Não existia nenhum sistema para escolher os melhores para estarem nessa situação. Nalguns casos, as pessoas entraram para lugares de exposição direta a comissões executivas ou direções gerais; noutros, por via de funções específicas, estiveram no radar desses mesmos decisores; finalmente nos restantes, talvez por questões de simpatia pessoal ou outros fatores circunstanciais. No entanto, essa exposição foi fundamental para o êxito das suas carreiras e para o êxito das organizações que hoje dirigem. Desta forma, este fator pode e deve ser analisado sob dois prismas distintos: o prisma do CEO que, ao não ter modelos formais de deteção do talento, pode estar a não aproveitar, ou mesmo a deixar fugir, recursos preciosos e o prisma da pessoa que tem ambição de chegar ao topo. Comecemos pelo primeiro.

De há uns anos a esta parte, está na moda a alta direção assumir publicamente que considera que o ativo mais importante que as suas organizações têm são as pessoas. O que eu estranho é que essas mesmas pessoas tenham métodos profissionais e precisos para conhecer os outros ativos (que na sua ótica serão menos importantes) e nenhuns para conhecer os ativos humanos. Penso que os leitores concordarão que, para se otimizar seja que tipo de recursos for, é necessário inventariá-los, quantificá-los, conhecê-los. Assim, para quem afirma serem as pessoas o mais relevante, importa que passem da retórica aos atos e que procurem verdadeiramente conhecer o potencial humano da organização.

Alguns CEO que possam estar a ler estas linhas dirão que as suas organizações possuem sistemas de avaliação de desempenho robustos que permitem conhecer a contribuição de cada um para o sucesso global. É um facto: muitas organizações possuem sistemas que funcionam para este efeito. No entanto, só esta informação não é suficiente para conhecer a fundo o potencial humano. Quando muito, isto dá, de uma maneira objetiva, o resultado da atividade de cada pessoa avaliada e a sua comparação com padrões, para se poder entender se os resultados estão acima, abaixo ou dentro do esperado. No entanto, conhecer o desempenho a cada momento não é conhecer os «recursos» que o produzem. Esta opinião parece contrária à antiga máxima de que «a árvore se conhece pelos seus frutos» e, até certo ponto, é verdade. Não digo que seja contrária no sentido de que pelo fruto se conhece a árvore de onde proveio (uma macieira produz maçãs e não qualquer outro tipo de fruto), mas não é verdade que se possa inferir as características da árvore apenas pela qualidade do fruto. Embora não possua competência para falar de agricultura, acredito que fatores como a qualidade do solo, dos adubos, do clima e, claro está, as características da própria árvore influenciam a qualidade dos frutos. Da mesma forma, no que respeita aos recursos humanos, o seu desempenho é influenciado por fatores exógenos (meios e ambiente de trabalho), endógenos (saber, saber ser e saber fazer) e pela interação de ambos (atitudes e motivações).

Comecemos pelo saber fazer, talvez o de mais fácil conhecimento, por ser mais fácil e comum de caracterizar. O saber fazer é garantido por um conjunto de certificações que se vão obtendo ao longo da vida escolar e profissional. Sem dúvida que tem influência no desempenho, e de uma forma determinante. Sem saber fazer não há atitude ou motivação que valha.

Lembremos Cláudia Almeida e Silva que, aquando da sua chegada à FNAC como Diretora de Loja do Chiado, decide «virar costas ao gabinete» e passar meses na loja com os seus colaboradores, no atendimento, a estudar o fluxo da loja, para depois poder tomar decisões. Já Ana Paula Moutela montou toda a estrutura do Grupo Inditex, desde a escolha de localizações e gestão de obra ao registo da marca, contratou pessoas, supervisionou todas as áreas. Nas suas palavras, «a empresa é muito minha, há um sentimento de posse enorme». Do seu modo, José Coelho fez o mesmo quando chegou a diretor comercial da Zurich e iniciou três meses «no terreno», a visitar agentes em todo o país.

Já no que respeita ao saber ser, entramos num domínio mais subjetivo e de menor conhecimento por parte da organização. Aqui, importa saber do alinhamento das pessoas com os valores e princípios da organização, o seu nível de competência no relacionamento interpessoal com colegas, chefias, colaboradores e clientes e, muito importante também, o seu nível de competência espiritual, globalmente falando, ou seja, a relação consigo próprio e o grau de noção de interdependência percebida com o universo (pessoal, social, cosmológico) em que estamos inseridos.

Neste contexto, lembramos o caso de Diogo da Silveira, recém-chegado ao Grupo Sonae: «cheguei para uma função que no papel era fantástica, mas na realidade ninguém queria saber o que eu pensava – exceto o Eng.º Belmiro de Azevedo». Foi o responsável pela criação de uma estrutura intermédia *corporate*, a quem as *sub-holdings* iriam responder. Esta fase foi um autêntico desafio pela exigência relacionada com a criação de relações com diversas pessoas, algumas das quais com um forte sentimento de ameaça: «algumas pessoas apreciaram a minha maneira de ser, a forma como eu entrei, respeitando muito, tentando ouvir... o sucesso todo que eu possa ter tido ao longo dos anos acho que se deve a saber ouvir».

Finalmente, o saber, que poderemos designar pelo conjunto de conhecimentos que se vão adquirindo ao longo da vida, por via dos graus académicos (objetivamente constatáveis) e da experiência que se vai adquirindo, e que configuram o que se pode designar por sabedoria. Deste fator, uma parte pode ser objetiva e facilmente verificada, enquanto a outra é mais difícil.

Simplificando, podemos dizer que o conjunto das motivações de todos os colaboradores é o que constitui a energia vital da organização, o conjunto das atitudes constitui a «personalidade» da organização e o somatório das competências individuais, a capacidade realizadora e talento da organização. Estas variáveis deverão ser do conhecimento do CEO.

De uma forma resumida, este será o conjunto de informação relativa a cada elemento que deve ser recolhida periodicamente: desempenho, adequação das competências à função, evolução em termos de competências, diagnóstico motivacional, risco de saída e dificuldade/custo de substituição. Na posse destas variáveis, torna-se mais fácil definir planos de desenvolvimento, recrutamento, sucessão, rotação de funções, promoções, políticas de retenção e motivação.

É um facto que muitas empresas de grande dimensão têm áreas de recursos humanos que desenvolvem as políticas acima referidas. No entanto, nalguns casos estão mal definidas, da mesma forma que uma campanha de publicidade que é desenhada sem conhecer o público-alvo, pode estar mal construída. Mais do que agir com base no que «parece» ser a realidade, é fundamental ter-se a certeza de que se conhece mesmo a realidade dos factos para adaptar a ação.

Quanto mais esta temática for levada a sério, maior a probabilidade de se aproveitar o talento das pessoas nas organizações e, assim, aumentar a sua capacidade realizadora.

ANEXO 2 – Como as organizações detetam, promovem e aproveitam talento

Analisemos agora a questão do aproveitamento do talento, não pelo ponto de vista dos CEO, mas pelo ponto de vista de quem entra numa organização com a ambição de se tornar naquilo que o seu potencial permitir.

Primeiro conselho: escolha bem a organização para onde vai e avalie bem o seu futuro chefe. Existem várias organizações onde a meritocracia é a regra. Nas consultoras, como por exemplo as dirigidas por alguns dos nossos entrevistados – Deloitte e Novabase –, a regra é *up or out*, ou seja, depois de muito tempo a marcar passo numa determinada posição ou se é promovido ou convidado a sair.

Quem ambiciona a felicidade através de uma carreira profissional de sucesso tem de escolher muito bem onde trabalha, com quem trabalha e as possibilidades de desenvolvimento que tem. Havia, no passado, algumas empresas em que o conceito de carreira era algo de bem definido, que a empresa se encarregava de gerir. Hoje, essa realidade não existe e as carreiras têm de ser geridas por cada um. O marketing pessoal dentro das organizações é fundamental. Não só é relevante o fazer bem, mas também garantir que a organização, nos níveis mais altos, sabe disso.

Para além de escolher onde e com quem trabalha, convém escolher uma função onde os bons resultados possam ser evidentes e valorizados, e cuja exposição à alta direção exista.

É provável que o seu primeiro e mesmo segundo emprego não corresponda às expectativas. Se for esse o caso, mude! Nunca se acomode a um sítio que não o valoriza nem o deixa brilhar.

Uma das questões que me é colocada com frequência quando sou convidado a falar sobre gestão de carreiras para alunos de MBA, é se é preferível trabalhar em multinacionais, em vez de empresas locais, e em grandes, em vez de pequenas empresas. Não tenho uma resposta taxativa para isto, no que respeita à variável que estamos a analisar. No entanto, mais importante do que a tipologia, interessa podermos ser notados e valorizados. E, a esse respeito, conheço bons e maus exemplos em todos os tipos de organização.

Após terminar o MBA fora de Portugal, Eduardo Moradas regressa e tem várias opções de escolha, optando por se integrar na McKinsey. Financeiramente, não era a melhor opção, mas era onde queria estar pela cultura, pela dinâmica, pelo profissionalismo. Já Nuno Amado opta por sair do Deutsche Bank a convite de António Horta Osório, com as mesmas funções, mas com um vencimento inferior, porque acreditou no projeto e no seu potencial de crescimento. Para terminar, curioso é o lema de João Costa: «escolhe um trabalho que ames e nunca mais terás de trabalhar na vida»!

Para finalizar, gostaria de recordar que existe um palco, por excelência, para se ser notado nas organizações: as reuniões. Aí, quem tem mais competências de apresentação e de falar em público, tem uma grande vantagem competitiva. Convém apostar seriamente em desenvolver estas áreas. Falar em público, com à-vontade, é algo que todos os nossos entrevistados fazem bem, gostassem ou não, tivessem mais ou menos jeito no início. O caminho para o topo passa por aí: fazer apresentações de sucesso.

7 – CONHECIMENTO DAS VÁRIAS ÁREAS DA ORGANIZAÇÃO E DO NEGÓCIO

Outro dos fatores circunstanciais que constatamos existir em quase todos os nossos entrevistados é o conhecimento, com certo grau de profundidade, das várias áreas funcionais e/ou de negócio da organização. Como é fácil entender, chegar ao topo implica ter um conhecimento profundo, ou pelo menos suficiente, das áreas que se vão gerir.

Uma vez mais, trata-se de um fator externo ao indivíduo e que pode ser encarado numa dupla vertente, tal como o anterior. O que é que a organização pode fazer para facilitar o aparecimento de futuros líderes, e o que é que o futuro líder deve fazer, se a organização onde está ou irá estar não tiver nenhum sistema formal para facilitar este conhecimento.

Começando pelo que a organização pode fazer, sugerimos um programa de rotação de funções em prática (*job rotation*). Rotação de funções é uma abordagem de desenvolvimento organizacional, em que um indivíduo vai tendo a oportunidade de desempenhar um conjunto diferente de missões, com o objetivo de lhe dar uma visão global da operação. Esta prática pode ser seguida tanto num, como em mais departamentos, consoante o nível de senioridade que a pessoa vai tendo.

Os benefícios desta prática são vários. Por um lado, permite ir tendo um conhecimento mais aprofundado dos vários processos, práticas e exigências das diversas funções dentro da organização; por outro, pode contribuir para um aumento da motivação, através de desafios constantes e da variedade de tarefas e responsabilidades que se vai tendo.

A rotação de tarefas pode ser feita a dois níveis distintos e com objetivos diferentes. A um nível mais sénior da gestão, está diretamente relacionada com planos de sucessão e tem como objetivo desenvolver um conjunto de potenciais candidatos capazes de ocupar lugares de topo a qualquer momento. Nestes casos, o objetivo é proporcionar experiências de aprendizagem que facilitam mudanças na forma de pensar e nos quadros de referência dos futuros gestores. É sabido que os nossos quadros de referência são particularmente influenciados pelos papéis que desempenhamos no passado e que, por vezes, se torna difícil entender pessoas que passam por situações diferentes das nossas. A um nível menos sénior, a rotação de funções costuma ter outros objetivos: preparar promoções concretas e/ou o desenvolvimento de competências específicas.

Podemos dar como exemplo a experiência de Nuno Amado que, de regresso a Portugal vindo da Peat Marwick, aceita o convite para integrar a equipa do recém-chegado Banco Citibank como *financial controller*. A experiência anterior em auditoria permitia-lhe ter uma visão interessante para contribuir para a estruturação e lançamento da organização em Portugal.

Bernardo Bairrão, após ter assumido o lugar de administrador na TVI, é convidado para um novo desafio como administrador da Plural e vive uma experiência rica, num cenário e negócio totalmente distinto daquele a que estava habituado até então.

Já para Serrano Gordo a realidade foi outra: após um ano como Presidente do Conselho de Gerência da Mobil em Portugal, é convidado para ir para terras gaulesas como vice-diretor geral.

Importa, no entanto, pensar nas implicações mais profundas que este tipo de «experiências» pode trazer a quem por elas passa. Se pensarmos no tipo de competências valorizadas desde que se teoriza sobre gestão e sobre competências, concluímos que tem havido uma certa evolução, em especial à medida que os países em que essas organizações operam vão evoluindo.

Tradicionalmente e desde que se preparam pessoas para o exercício de cargos de gestão, as competências mais relacionadas com o lado esquerdo do cérebro têm sido as mais valorizadas. Segundo os cientistas, este hemisfério funciona de forma sequencial, analítica e lógica e tem sido de extrema importância para a evolução da sociedade industrial e, mais recentemente, da sociedade da informação. Foi no princípio do século passado que fizeram história os Engenheiros da Gestão, como Henry Ford, Frederick Taylor e Henri Fayol, que consideravam a gestão uma questão de lógica formal e até criaram princípios e regras que ficaram conhecidas como a Organização Científica do Trabalho. Foi o início da era de ouro dos engenheiros-gestores, que ainda se vai prolongando. Comum à generalidade destes gestores e pensadores, era o desconforto com o homem pensante e emocional que muitas das vezes desafiava e boicotava a lógica dos seus modelos. Nesta sequência, surgem depois os gestores-juristas (muitos ainda na política e alguns a fazerem alguma mossa), quando a tónica passa da organização dos processos industriais e de logística para aspetos mais formais das regras e procedimentos, em que encontramos o expoente máximo na burocracia. Uma vez mais, as pessoas a quem se aplicam essas regras são abstratas, racionais e, preferencialmente, pouco críticas. Paralelamente, foi-se desenvolvendo outra classe de gestores, os gestores--contabilistas, cuja habilidade com a gestão dos recursos financeiros fazia toda a diferença, tendo em consideração a cada vez maior globalização das economias e a crescente importância dos mercados financeiros.

Durante todo este tempo, e ainda hoje (mas a diminuir), assistimos à formação dos gestores mais bem sucedidos pelas faculdades de Engenharia, Direito e Economia/Gestão. É o tipo de formação que apela às competências do lado esquerdo do cérebro e com ligação às atividades criadoras de valor – tecnologia/burocracia/dinheiro. Mais recentemente, a Engenharia voltaria a tomar a dianteira como a formação que, em média, possibilitaria maiores rendimentos no futuro, com o advento das tecnologias de informação.

Diogo da Silveira, após um primeiro período de experiências profissionais em que explorou a sua formação em engenharia, decide concretizar o «sonho de realizar um MBA» que fez no INSEAD: «Era, sem dúvida, um campo mais interessante que o da engenharia. Aprende-se a pensar e o enquadramento da gestão é o de resolver problemas». A partir daí, sentiu-se um gestor-engenheiro!

Já para Vítor Neves, engenheiro de formação, a evolução pelas vendas surgiu naturalmente, foi a forma mais adequada de conhecer o negócio e os intervenientes. Para «rematar», temos as palavras de António Coimbra: «é preciso sempre olhar em frente e ter novas ideias», aliando o lado prático às responsabilidades de gestor de topo.

ANEXO 3 – Competências Valorizadas

No entanto, tudo parece estar a mudar. De alguma forma, a mestria do lado esquerdo do cérebro humano sobre o meio envolvente veio dar origem a uma sociedade de abundância que está a transformar, por completo, os caminhos que as organizações têm de trilhar para conseguir sobreviver. Hoje, a máxima de Henry Ford de que «as pessoas podem comprar um carro de qualquer cor desde que seja preto» deixou de funcionar. Como o leitor mais atento a este mercado sabe, atualmente, em inúmeras marcas, quase podemos personalizar o carro a comprar. Hoje, os consumidores escolhem o que querem, não somente em função da utilidade, mas essencialmente por outros atributos diferenciadores, como o design ou o estatuto que o produto/serviço proporcionam. Oooops! Isto levanta problemas ao lado esquerdo do cérebro (Design??? Prestígio??? Identificação??? Subjetividade???), preparado para analisar objetiva e racionalmente a realidade e responder com essa mesma frieza. Felizmente que o hemisfério esquerdo não está sozinho. Ao seu lado está o hemisfério direito que funciona de uma outra forma: não linear, intuitiva e holística. Deixem-me dar-lhes um exemplo: é esta parte do cérebro que consegue discernir se um obrigado é honesto ou cínico. Enquanto o lado esquerdo processa a informação como um agradecimento, o direito analisa o tom de voz e a expressão de quem o profere e decide, no contexto, o que aquele obrigado quer dizer.

O desafio de usar o lado direito do cérebro foi testado por José Joaquim Oliveira quando, após ser considerado um profissional com excelentes capacidades técnicas, desenvolvidas pela formação em engenharia e pelo seu perfil pessoal (mais reservado), é convidado a experimentar, por um ano, a área comercial. Foi aí que a sua vida mudou, não por um ano mas por muitos, tendo contribuído «de alma e coração» para o crescimento e reconhecimento da IBM em Portugal.

Não pretendemos advogar que uma parte do cérebro é mais importante do que outra. Queremos unicamente chamar a atenção para o facto de que, para chegar a lugares de topo em organizações como as que vão caracterizar o século XXI nas sociedades mais desenvolvidas, é fundamental dar uma maior importância ao desenvolvimento das competências associadas ao lado direito do cérebro, como sejam a empatia, a interpretação face à análise do contexto (holismo), a compaixão, a estética, a intuição, a criatividade, a sabedoria, o humor, a flexibilidade, entre outras. Isto, porque os *stakeholders* (clientes, colaboradores, fornecedores, acionistas, sociedade) vão evoluindo em termos de exigências, e a mera lógica funcional não chega. Hoje, os clientes dão-se ao luxo de exigir aquilo que há cem anos nem imaginavam que poderia existir; os empregados de exigir a felicidade no local de trabalho (antes era só o ordenado, pago a tempo e horas, por mais baixo que fosse); os acionistas a exigir sustentabilidade num mercado competitivo e rigoroso (antes era só rentabilidade); e a sociedade a exigir utilidade social e ecológica (onde antes era só impostos e postos de trabalho).

E mesmo quem pense que as competências do cérebro esquerdo continuam a ser importantes e altamente valorizadas, isso é relativo. Hoje, compra-se *know how*, por exemplo, de programação informática, em países como a Índia, a China e países de Leste por menos de um quinto do que se paga por esse tipo de funções no Ocidente. Com a massificação mundial do ensino «tradicional» vocacionado para o desenvolvimento do hemisfério esquerdo, o conhecimento lógico/analítico passa a ser uma *commodity*. Mais, tudo aquilo que não requeira a utilização do hemisfério direito, com o tempo, passará a ser feito sobretudo por máquinas.

Assim, cada vez mais se reconhece a importância de desenvolver e valorizar a utilização do lado direito do cérebro, começando a assistir-se a uma mudança progressiva dos métodos e matérias ensinadas em mercados mais sofisticados, como o norte-americano.

Embora, em alguns casos, sem a noção completa das implicações que as políticas de rotação de tarefas podem ter, ao nível do desenvolvimento do funcionamento do lado direito do cérebro, o que é facto é que as têm. Obrigam quem por isso passa, a viver e pensar em diferentes contextos, a lidar com mais pessoas e com uma maior variedade de expectativas, a transportar conhecimento de umas áreas para outras, a adaptar-se a situações e exigências novas, a experimentar um maior número de chefias e a lidar com situações fora da sua zona de conforto.

Um exemplo deste ponto é a experiência de José Serrano Gordo, quando foi convidado a chefiar a equipa de *Strategic Account Managers* da BP. Aqui, coordenou as pessoas que asseguram a cooperação estratégica nos clientes globais do Grupo. Este tipo de funções tem enormes exigências, quanto à criação de relações com pessoas com interesses e culturas bastante diferentes.

A generalidade dos nossos entrevistados percorreu este caminho, apesar da formação de base possuída ser quase sempre virada para o desenvolvimento do hemisfério esquerdo do cérebro. Estamos, assim, no reino do ótimo. Homens e mulheres que combinam a lógica com a emoção, o pensamento com a intuição, a sequência com a relação, a análise com a síntese, a previsibilidade com o imprevisto, a matéria com o espírito. Não é por sorte que chegaram a CEO, embora possam ter tido pouca influência consciente neste processo de crescimento. Como atrás referimos, estas pessoas são ricas na componente emocional, e mesmo espiritual, da inteligência. Como se pode depreender, estes tipos de inteligência estão relacionados com o lado direito do cérebro, com a faceta mais criativa e holística.

Com um forte passado em lógica financeira associado a vários anos de experiência operacional em organizações de distintos negócios e dimensões, Bernardo Bairrão «trouxe para a TVI a gestão de mercearia da Refranco»!

Deixe-me agora falar para o leitor, para o que pode fazer, voluntariamente para conseguir, por um lado, um desenvolvimento harmonioso das competências das duas zonas do cérebro e, por outro, um conhecimento mais abrangente da realidade das organizações. Comecemos pelo que pode fazer em termos de formação. Se a sua formação de base é mais virada para a lógica (economia/gestão/engenharia/ direito), faça um mestrado em áreas como antropologia, psicologia, filosofia, história, sociologia, design, arte dramática ou outras áreas que requeiram a utilização de competências típicas da metade direita do cérebro. Se já passou a fase de estudar na escola, procure atividades que apelem a essas competências: faça cursos de pintura, cozinha, teatro, faça voluntariado ajudando outros (desenvolve a empatia), pratique jogos em equipa, etc.

Procure ler e falar com pessoas que trabalhem em setores e áreas diferentes das suas e conheça as suas principais preocupações, receios e desafios. Na empresa onde trabalha, procure fazer saber que está disposto a abraçar a experiência da rotatividade de funções. As melhores áreas para desenvolver a utilização do lado direito do cérebro serão os recursos humanos e as várias áreas integrantes do marketing e vendas. Não estará longe o tempo em que muitos dos CEO terão uma experiência numa destas áreas, em especial na dos recursos humanos.

Se a organização onde está não lhe proporcionar isso, vá mudando até descobrir a «sua» empresa. Lembre-se de que as mudanças na fase de ascensão devem ser mais motivadas, por proporcionarem oportunidades de desenvolvimento do que maiores salários. Terá tempo de ganhar o que quer e merece. Primeiro prepare-se, depois usufrua.

Este é sempre um percurso com um caminho distante e complexo, porque evolutivo. Eduardo Moradas resume: «Hoje sei que sou um bom gestor, mas um bom gestor tem também de ser um líder. É esse o desafio».

8 – BOA CAPACIDADE DE LIDERANÇA

Uma das questões que se põe com frequência é a da existência de um estilo único de liderança eficaz ou de estilos mais e menos adequados. Esta discussão já deu origem à escrita de milhares de livros e artigos, inúmeros estudos e teses de doutoramento, com conclusões distintas, umas antagónicas, outras complementares. Mas, numa coisa estão todos de acordo: não se pode analisar o fenómeno da liderança focando unicamente a personalidade do líder.

É um facto que todos nós temos a nossa personalidade e que, quando confrontados com uma situação em que vamos liderar um grupo, temos uma tendência natural para utilizar o estilo com o qual nos sentimos mais confortáveis. Podemos variar num contínuo que vai do estilo diretivo ao estilo «delegativo», e as pessoas podem gostar mais ou menos desse estilo, ou mesmo da personalidade do chefe. No entanto, não é este o critério que determina se um líder é bom ou não. Um líder não é bom, se todos gostarem dele. Um líder é bom, se atingir consistentemente resultados através dos outros. Será tanto melhor se, ao consegui-lo, as pessoas gostarem dele.

Claro que um líder simpático, em princípio, é preferível a um líder antipático. Mas imagine que, por tanto querer agradar, não consegue tomar decisões impopulares... Um líder decidido é também, em princípio, mais agradável do que um líder indeciso. Mas imagine que, por ser tão decidido, o líder nunca ouve ninguém e erra por isso...

Poderia continuar com mais exemplos e a conclusão seria, sempre, a mesma: ter um comportamento adequado de liderança depende da situação concreta. Depende das pessoas que se estão a liderar e da natureza da tarefa: sua urgência e importância.

Existe uma teoria, designada por Liderança Situacional, que nos dá uma boa ideia de como pode funcionar a liderança. Segundo esta teoria, os comportamentos do líder podem agrupar-se em quatro estilos distintos: Impor, Vender, Participar e Delegar. O estilo impor é caracterizado pelo facto de o líder tomar sozinho as decisões sobre o que fazer e como fazer, controlando de perto a execução dessas mesmas decisões. É um estilo autoritário, de «quero, posso e mando».

Segundo a teoria, este estilo pode ser eficaz quando um líder tem uma equipa de pessoas tão desmotivadas e pouco competentes na tarefa que, se deixadas «soltas», a probabilidade é não a fazerem ou fazerem mal. Pode também ser adequado numa situação de emergência, em que a rapidez na tomada de decisão seja crítica.

Veja-se o exemplo de Luís Paulo Salvado, pessoa habitualmente conciliadora, durante o processo de transformação da Novabase, ocorrido há um par de anos. Nesse período, embora tenha procurado envolver o mais possível as pessoas na mudança, teve de tomar muitas decisões sozinho, especialmente sobre qual seria a metodologia de trabalho mais adequada para se encontrarem soluções para a saída da crise. O momento era crítico para a sobrevivência e foi necessário tomar decisões rápidas e impopulares que não se compadeciam com o seu estilo mais «participativo».

Depois, há ainda aqueles que, por percurso profissional, desenvolvem um estilo com o qual se sentem mais à vontade. Veja-se, por exemplo, o caso de Jorge

Martins, da Martifer, um líder que se formou desde cedo num negócio que está normalmente associado a pessoas de baixa maturidade profissional: a metalomecânica. Desde o início, foram ele e o irmão a ter de tomar todas as decisões cruciais para a sobrevivência da empresa, até porque eram os únicos verdadeiramente qualificados para o fazer. Mal a empresa começou a ganhar dimensão, Jorge Martins ficou com a responsabilidade financeira, estando sempre habituado a saber de tudo e, juntamente com o irmão, a tomar todas as decisões. Não é de estranhar, portanto, que Jorge Martins seja um líder que utilize mais vezes este estilo do que, por exemplo, Nuno Amado ou Eduardo Moradas, só para citar dois exemplos, que, desde cedo, lidaram com pessoas mais maduras (com maior formação e, logo, com maior autonomia), tendo de utilizar outros estilos de liderança mais adequados aos liderados.

Embora se costume associar este estilo a um mau líder, isso não é verdade. A função de um líder é levar um grupo a atingir o seu objetivo da forma mais eficaz e eficiente. Se considerarmos que eficácia significa fazer a coisa certa e eficiência significa fazê-la com a melhor relação custo/benefício, no caso de uma pessoa estar confrontada com um grupo de outras pessoas que não têm competência para emitir opiniões válidas e se estejam relativamente a «borrifar» para o que aconteça, é fácil concordar que o único estilo que funciona será o estilo mais diretivo, a que se chamou «Impor». Não nos esqueçamos de que um bom líder não é aquele que agrada a todos, como atrás se referiu; um bom líder é o que entrega resultados. E quando se está em situações de emergência ou quando a maturidade dos grupos é baixa, ser simpático, normalmente, não resulta. Aí, a admiração ou respeito que as pessoas podem ter relativamente ao líder, vem de verem que as coisas acontecem quando se faz como ele diz e, muito importante, quando se sentem tratadas com justiça.

Aqui, podemos introduzir uma outra variável que influencia o estilo que se pode usar com eficácia: as bases ou fontes do poder. Para que alguém siga uma instrução dada por nós, é preciso que a queira seguir, que esteja motivado para a seguir. E importa, também, perceber que estar motivado não significa querer fazer por sua própria iniciativa, independentemente da nossa existência. Quer dizer, sim, que prefere fazer, a sofrer as consequências ou perder as recompensas de não fazer. Para pessoas com baixa maturidade técnica (saber fazer) e baixa maturidade psicológica (querer fazer), as bases do poder que melhor funcionam, serão o poder de punição (ser despedido, por exemplo) e o poder de recompensa (um prémio por bem fazer ou a manutenção do salário). Se um líder estiver confrontado com um grupo com estas características e não tiver estas duas bases de poder, mesmo utilizando o estilo mais adequado (neste caso o impositivo), não consegue nada do grupo. Ou seja, um liderado com baixa maturidade só faz o que o chefe diz, se pensar que ele o pode punir ou recompensar (ou ambas), consoante o seu desempenho. Ou seja, só se esforça até ao limite do que pensa ser a capacidade de punição ou recompensa de quem ordena. Claro que, se se estiver num campo de trabalhos forçados, onde a punição por não se fazer o que nos mandam for morrer, a vontade de seguir as ordens (e muitas vezes morrer ao fazê-lo) é muito maior do que se a maior punição for ser despedido. E, se o emprego abundar, nem a ameaça de despedimento funciona como punição. Aí, o líder tem de poder premiar, se quiser que os liderados se esforcem. Este tipo de gestão – da cenoura e do chicote – teve os seus tempos áureos no início da revolução industrial e hoje ainda se pode encontrar em algumas indústrias, onde o nível de maturidade é relativamente baixo.

Vejamos, agora, o segundo estilo: o estilo Vender. Como se pode depreender pelo significado da palavra, este estilo caracteriza-se pelo facto de o líder convencer a equipa a fazer o que ele diz, da maneira que ele diz. Não se trata de impor, no sentido de uma supervisão apertada, mas antes «ensinar» como fazer.

Existe uma grande confusão entre este estilo e o estilo Participar. A maioria dos líderes que se julgam participativos, não o são verdadeiramente; são «vendedores». Quando estamos numa reunião, em que pedimos a opinião às pessoas só para as tentar convencer do que nós consideramos correto, não estamos a participar, mas sim a «vender». Muitas vezes, o objetivo é perceber o que os outros pensam, para conseguir arranjar os melhores argumentos para os convencer; para lhes ensinar o que é melhor para eles (na opinião do líder) e para a organização. Tal como um vendedor tenta convencer o cliente de que o que lhe está a aconselhar, é o melhor para ele, o líder «vendedor» procura fazer o mesmo com o seu grupo.

Alguns dos nossos entrevistados sentem-se «em casa» com a utilização deste estilo. Diria mesmo que a generalidade deverá ter este estilo como tendência dominante, tendo em consideração os resultados obtidos com um diagnóstico que tenho aplicado a centenas de líderes em Portugal. Uma grande maioria, superior a 70%, tem esta tendência incorporada na sua personalidade. Partirei do princípio de que esta amostra terá um comportamento equivalente. E, se considerarmos que alguns dos nossos entrevistados vêm mesmo de profissões comerciais – José Joaquim Oliveira (IBM), Carlos Barros (Fujitsu), José Manuel Coelho (Zurich), Vítor Neves (Colep) –, não será de estranhar que, pelo menos eles, tenham uma grande inclinação para usar este estilo. Mas não são os únicos. A grande maioria, embora na generalidade dos casos reprima a tendência para adequar o comportamento à situação, encarna bem este estilo.

Mas será que o estilo é mau? Claro que não. Tal como o anterior e os seguintes, é excelente quando adequado à situação. Este estilo adequa-se a colaboradores que querem fazer (ou seja, não precisam de ser incentivados pelo líder), mas não têm a competência técnica para o fazer. Estão, portanto, mais do que recetivos a que alguém os ajude a descobrir a melhor forma de se comportarem.

Utilizando uma analogia, imagine o leitor que já decidiu que vai comprar um carro, mas ainda não decidiu qual comprar e pouco percebe de carros. Assim, aquilo que deseja é encontrar alguém que o consiga ajudar a decidir qual comprar. O vendedor que melhor o convencer (que descobre as suas necessidades e mostra que o carro que vende é o que mais as satisfaz), é aquele que lhe venderá o carro.

Passar-se-á o mesmo com um colaborador, ou grupo de colaboradores, que sabe que tem um objetivo a atingir e quer atingi-lo, mas não tem a certeza de o conseguir fazer sem orientação. Aquilo que pretende da chefia é que o ajude a fazê-lo; que lhe «venda» o melhor caminho para o atingir.

Como se imagina, nesta situação não será tanto o poder de punição e o de recompensa que servirão de fontes de poder, mas antes o poder de referência (ser considerado um excelente profissional) ou de especialização (que mais não é do que as pessoas o considerarem um especialista na matéria), o poder da informação (que é o líder ter informação não acessível aos colaboradores), a autoridade (poder formal, significando: vou pedir-lhe orientações, porque é meu superior) ou, ainda, o carisma (uma personalidade cativante que leva o grupo a fazer o que o líder diz, sem sequer questionar).

Não será por acaso que o poder de referência foi particularmente útil à ascensão de dois dos nossos entrevistados que vieram das vendas: José Joaquim Oliveira e Carlos Barros. Foram, simplesmente, sempre os melhores. Sorte? Não creio... Muito trabalho e talento.

Gostaria de voltar a frisar que, mesmo quando o líder pede opiniões ao grupo, desde que a decisão final seja tomada por ele, está a utilizar o estilo vender e não o participar.

De todas as pessoas que fazem parte deste livro, aquela que, de uma forma muito consistente, sempre utilizou este estilo, foi o José Manuel Coelho, da Zurich. O seu carisma e acerto nas decisões estratégicas compensavam alguma desmotivação que poderia causar nas chefias diretas, por se sentirem pouco escutadas nas decisões. E o resultado foi espantoso. Enquanto lá esteve, a Zurich foi a única seguradora a conseguir um crescimento orgânico com a dimensão que se verificou. E mais, era uma das companhias que menos pagava aos colaboradores e a taxa de rotação era muito baixa. Impressionante! José Manuel Coelho era um líder carismático naquela companhia de seguros.

Mas os resultados que conseguiu, graças ao seu carisma, poderiam não ter sido os mesmos, se, no seu retorno a Portugal, tivesse integrado outro projeto. É aqui que concebo que o acaso (ou sorte) desempenha o seu papel. Estar a pessoa certa, no sítio certo, no momento certo, pode fazer a diferença. No entanto, por mais sorte que se possa dizer que ele teve pelo emprego que encontrou, o que é facto é que chegou ao topo num cenário de grande concorrência interna, como sempre acontece nas organizações competitivas. Só o seu mérito e capacidade de trabalho o levaram ao topo. Aí, durante o caminho, não lhe conheci mais sorte do que à média das pessoas. E, acreditem, foi uma ascensão dura e com opositores, típica dos carismáticos.

Quando se lideram grupos com baixa maturidade técnica, o resultado final depende muito da competência técnica e estratégica do líder. E dá muito, muito trabalho. O envolvimento do líder com a equipa tem de ser enorme, o que consome recursos temporais e emocionais mais elevados do que o habitual.

Mas, quanto mais alto se está, tendencialmente, menos este estilo se adequa. E não é de estranhar que, em alguns casos, a média das 12 horas diárias que os nossos entrevistados trabalhavam, tivesse diminuído depois de algum tempo, após serem nomeados CEO.

Como alguém dizia, o melhor líder é aquele que consegue pôr uma organização a dar, consistentemente, bons resultados e descobre que lhe resta pouco para fazer. Infelizmente, em alguns destes casos, e porque gostam muito de trabalhar, estes gestores metem-se em mais do que deviam, para não se sentirem desocupados. Nem sempre é bom...

Um outro estilo de liderança, segundo esta teoria, é o estilo Participativo. Este estilo tem como característica ser o grupo a tomar as decisões, desempenhando o líder o papel de facilitador.

Esta forma de liderança aplica-se a pessoas ou grupos de pessoas com bastante maturidade técnica, ou seja, que sabem bem o que devem fazer e como, mas a quem falta, por vezes, alguma motivação, em especial se a sua chefia não utilizar um estilo de relacionamento adequado. Estamos a falar de pessoas que estão satisfeitas com o seu salário e situação profissional; possivelmente, até preparadas para ocupar o lugar do chefe; e que têm de ser lideradas em direção a um objetivo comum, que até pode entrar em conflito com os seus próprios interesses. É vulgar haver conflitos de interesse entre diretores de áreas distintas, sendo os mais usuais entre as pessoas das vendas e as pessoas das áreas financeiras ou o marketing/vendas vs produção.

Aqui, entramos num tipo de liderança mais político do que técnico, em que as competências de negociação e de diplomacia fazem a diferença. É aqui que reside a maioria dos comportamentos de liderança dos nossos entrevistados. Os CEO que tivemos o privilégio de entrevistar, passam uma grande parte do seu tempo a gerir sensibilidades e a tentar harmonizar os interesses individuais com os interesses da organização e a gerir pessoas que, em alguns campos, são melhores do que eles próprios. Saber liderar a este nível é condição quase fundamental para se chegar ao topo. Sim, porque não são só os CEO que enfrentam este tipo de desafio. Outras funções de alta-direção também o enfrentam e os melhores neste «jogo» são os que têm mais possibilidades de chegar ao topo. Eu diria que, nestes casos, há que ser simpático, mas firme, empreendedor, mas cooperativo, disruptivo, mas «conformado».

Sobre as bases do poder a este nível, diria que o poder de referência, o poder de informação, a autoridade e o carisma serão os determinantes. Mas não convém menosprezar o poder de punição, uma vez que ser despedido a este nível é, em média, mais problemático do que quando se é um quadro intermédio. Perguntarão os leitores mais atentos se o poder de recompensa não é, também, importante. Diria que menos, uma vez que a remuneração variável deste tipo de posições (abaixo de CEO) é baseada em indicadores objetivos, o que a torna menos suscetível de ser influenciada pelo CEO ao longo do ano.

Nuno Amado fala do crescimento da primeira década do Banco Santander, como sendo o resultado de uma grande proximidade das pessoas que constituem as equipas, muita transparência nos desafios e nos resultados a atingir.

Ana Paula Moutela fala da sua forma de gerir nos momentos críticos: «Isto faz-se com números, mas faz-se principalmente com a mensagem – tem de haver otimismo e persuasão. Há que inspirar as pessoas e levá-las a atingir um objetivo comum».

Mário Barbosa resume: «Sou também um jogador de equipa e só assim aparecem os resultados. Revejo-me no modelo *forming-storming-performing*».

Finalmente, o último estilo: o estilo Delegar. Como saberão, delegar é abdicar do poder sem abdicar da responsabilidade, ou seja, uma vez definidas as regras do jogo, não interferir no seu desenrolar, a não ser por solicitação dos intervenientes, dando-lhes o poder de decidir por si próprios.

Este estilo é muito utilizado em situações em que existem unidades de negócio autónomas, e em que as pessoas apenas periodicamente prestam contas e as chefias acima só intervêm se algo se desvia do orçamentado. Nestes casos, as pessoas a este nível gastam o seu tempo a preparar o futuro das companhias. Não é o ano que se segue que é um problema para eles (uma vez que os orçamentos foram discutidos e aprovados). São os próximos anos que importa preparar. Liderar uma organização com dimensão suficiente para que o papel do líder seja este é o sonho de qualquer CEO. Não temos muitas em Portugal.

Como disse atrás, acredito que a maioria das pessoas retratadas neste livro terão uma inclinação natural para o estilo vender. Estamos a falar de um conjunto de pessoas com inteligência acima da média, com uma autoestima alta e com uma personalidade forte. É natural que gostem de convencer os outros da sua razão e isso terá sido, no início das suas carreiras, um dos motivos para o seu sucesso. No entanto, a sua capacidade de aprendizagem e adaptação levou-os a saberem adaptar o estilo mais certo para cada situação e com cada pessoa ou grupo de pessoas. Como diz Luís Paulo Salvado, da Novabase, há um tempo para refletir, um tempo para discutir, mas, no final, um tempo para fazer. E é nesta última fase, usualmente a mais difícil de atingir com sucesso, que a maioria dos nossos entrevistados fez a diferença. E isso ajudou-os a chegar ao topo.

Dada a minha profissão de *head hunter*, conheci muitas pessoas que fazem ou fizeram parte de equipas lideradas pelos entrevistados deste livro e, na generalidade dos casos, as pessoas consideram-nos bons líderes. Uns mais exigentes que outros: por exemplo, a Cláudia Almeida e Silva, da Fnac, tem fama de ser muito exigente. Pelo que a conheço, admito que possa ser verdade, mas não será mais exigente com os outros do que consigo mesma. Uns mais «paternalistas» que outros: por exemplo, a Ana Paula Moutela, da Inditex, preocupa-se verdadeiramente com as pessoas que com ela trabalham. E essa preocupação vai para além do normal, no comum dos CEO. Sempre que tem conhecimento de algum problema pessoal de alguém na organização, procura ajudar ao máximo. Resultado: Carisma. Outros, ainda, muito inspiradores: Carlos Melo Ribeiro e António Coimbra, por exemplo. Uns mais racionais (Eduardo Moradas, do Grupo BES, por exemplo) e outros mais emocionais (João Leandro, da Axa).

O que pretendo veicular com este capítulo é que, apesar de todos termos uma personalidade que nos molda o comportamento, não encontramos nestas 24 pessoas «A» personalidade do líder. Encontramos, sim, pessoas que sabem adaptar o seu estilo de atuação às situações, grupos e pessoas que lideram e lideraram, que procuram extrair o melhor de cada um, porque têm a noção de que só uma grande equipa faz um grande líder. E, para se terem grandes equipas, é necessário que as pessoas que as compõem tenham talento e que estejam motivadas. Como sabemos, a motivação é muito influenciada pela relação interpessoal com a chefia e nisso os nossos entrevistados são bons.

9 – MUITO COMPETITIVOS CONSIGO PRÓPRIOS NUM CENÁRIO DE SUPERAÇÃO ATÉ AO LIMITE

Esta é outra das características que as pessoas que retratamos neste livro têm. O seu foco ao longo da carreira tem sido, essencialmente, o de superar-se constantemente. É quase como no golfe, onde, mais do que jogar contra um adversário, o principiante joga contra si próprio; procura melhorar os resultados que já conseguiu atingir. Claro que existem os torneios (onde há um método para nivelar os jogadores pela sua perícia), de modo a haver o espírito da competição, também, entre jogadores. No entanto, a superação individual é a chave para se irem ganhando torneios e, quando não se ganham, para manter a motivação para continuar a jogar e a progredir.

Foi o que aconteceu com os nossos retratados. A competição consigo próprios levou-os ao patamar onde estão. Não sou ingénuo a ponto de, independentemente do que nos disseram, acreditar que não houve momentos de competição interna nas organizações. No entanto, estou plenamente convencido de que a maior competição foi (e é) consigo próprios.

Luís Reis conseguiu pôr-se à prova quando, em simultâneo, era gestor de produto na Bial, professor em Coimbra e médico no hospital. Nessa altura, candidatou-se a fazer o MBA, como um importante complemento para a sua formação e foi aceite...

Mas para se competir consigo próprio é necessário, como no golfe, ter um sistema qualquer de pontuação ou autoavaliação que permita ir acompanhando os progressos. Esse sistema deve cobrir duas áreas: os resultados propriamente ditos e o nível de satisfação/felicidade das pessoas que se lidera. Depois, persistência. Muita persistência.

Este fator, a superação individual, curiosamente, é o que mais contribui para a satisfação/felicidade/motivação de quem chega ao topo. Não que não seja um fator de motivação ao longo da carreira. Mas aí há outros para além deste: aumentos, promoções, prestígio, etc. Quando se chega ao topo, já se tem tudo isto. O que motiva, então? Competir consigo próprio para se superar.

Mário Barbosa bebeu desde cedo das palavras de uma antiga chefia: «Aprendi com ele a máxima de que os últimos 5% são os mais importantes, e é um facto que são».

É nestas alturas da carreira, em que se chega ao topo, que muitas pessoas sentem um vazio nas suas vidas. «Pronto. Cheguei até aqui. Já tenho mais dinheiro do que aquele que verdadeiramente necessito; já tenho a casa dos meus sonhos; já tenho o carro com que ambicionava; já tenho prestígio. O que é que falta? Por que motivo me sinto "vazio"?»

Uma vez que se trata de temas pessoais e muito melindrosos, não irei dar exemplos. Mas posso garantir que os há. E, nestas alturas, algumas pessoas começam a preocupar-se com problemas mais espirituais e existenciais, com o mundo que os rodeia, para além do mundo que conhecem do seu trabalho. Descobrem todo um mundo novo que, como na generalidade dos casos se verifica, os ajuda a serem ainda melhores CEO, nas duas vertentes acima apresentadas: melhores resultados e mais felicidade na organização que lideram. Em alguns casos, esse percurso mais introspetivo pode mesmo levar ao abandono da organização e ao começo de outra vida completamente diferente: mais espiritual e menos material. No entanto, os casos são poucos e não aplicáveis (por enquanto, pelo menos) a nenhum dos nossos «campeões».

Quando o percurso é este, o alargar de horizontes de interesse leva as pessoas a entrarem num mundo de conhecimentos totalmente novo, o que lhes traz mais desafios de superação interna. É curioso que, ao começarem a interessar-se por temas mais no domínio da inteligência emocional e espiritual, as pessoas começam a compreender muito melhor alguns dos seus comportamentos passados: porque é que tiveram bom resultado certas decisões que envolveram pessoas e porque é que eles próprios sentiram o que sentiram em determinadas situações. Compreende-se melhor o percurso.

Em outros casos, quando se chega ao topo, começa uma verdadeira obsessão de melhorar continuamente. A métrica de comparação, para analisar a superação de si próprio, são todos os indicadores da organização que apontem para ganhos de eficácia e eficiência. E quando se está no limite do que se julga possível, vem a procura de um novo desafio noutra organização, maior e mais complexa, para que o jogo possa continuar. É como os desportistas viciados em adrenalina que têm de ir melhorando o desempenho, para se sentirem saciados. Só que estes gestores são viciados em fazer as organizações ganharem mais dinheiro.

Estes dois caminhos que apresentei são facilmente compreensíveis. O ser humano, para ser funcional, precisa de finalidades, objetivos. Até uma certa idade, existe uma série de objetivos que nos vão mantendo na «rota». A evolução escolar primeiro, a evolução profissional depois (independentemente da ocupação) e a família e amigos em terceiro (não forçosamente por esta ordem) vão ocupando a estrutura motivacional das pessoas. No entanto, para alguns, o grau de exigência com a vida é superior ao de outros. Para esses, tudo o que não seja evoluir não é viver; são estes os eternos insatisfeitos que, tipicamente, fazem a diferença no mundo e dos quais os nossos entrevistados fazem parte.

Carlos Melo Ribeiro, para poder usufruir de uma bolsa de estudo na Alemanha, esteve, durante três semanas, num curso intensivo de alemão de doze horas por dia. Após este período estava pronto! Quem sabe alemão compreenderá o grau de exigência desse período para a pessoa em questão!

Temos outros dois exemplos deste tipo de insatisfação. Mal deixou de ser CEO da Zurich, José Manuel Coelho nem queria imaginar uma vida de descanso. O que fez? Tornou-se produtor de vinho no Alentejo, realizando um sonho de infância. Agora tem outros desafios: fazer todos os anos melhor. Outro exemplo é o de Carlos Melo Ribeiro, por coincidência na mesma área de atividade, no Oeste. Acumulou com as suas funções de CEO na Siemens (que nos últimos tempos lhe têm deixado uma certa disponibilidade mental para pensar noutras coisas) o desenvolvimento de um negócio próprio de vinho e aguardente. Tanto quanto sei, a aguardente já ganhou prémios e é considerada uma das melhores de Portugal. São pessoas irrequietas, cuja vontade de superação não as abandona.

Porque é que nem todas as pessoas são assim? Infelizmente, não temos a resposta. Claro que a diferença reside na nossa estrutura motivacional, que é influenciada pelos genes e pela educação. A questão do genético ou adquirido já foi atrás abordada. Com o atual estado da arte, há um certo consenso de que a estrutura (os genes) condiciona um campo de desenvolvimento, mas a cultura pode influenciar até aos limites do que a genética permite. Por exemplo, e por analogia, uma criança que tenha uma tendência para ser mais fria e racional em termos estruturais, pode vir a revelar-se mais «emocional» do que outra, cuja estrutura possibilitaria isso, mas que foi sujeita a situações na infância que a fizeram tornar-se mais «fria».

Porém, no que respeita a esta característica de vontade de superação, não acredito muito que ela se desenvolva após o início da idade adulta. O meio ambiente a partir daí, e em circunstâncias normais, não interfere nesta vontade de superação. Ou se é assim, insatisfeito e auto-motivado, ou se é mais conformado e sensível às motivações que vêm de fora (dinheiro, promoções, prestígio, etc.). Não gostava que se entendesse, no entanto, das minhas palavras, que a ausência desta característica acima da média é sinal de fraqueza ou qualquer outro tipo de avaliação menos positiva. Globalmente, a preocupação das pessoas é serem felizes. Cada um tem o seu percurso, de acordo com a sua personalidade, os seus talentos e ambições. E é na diversidade, e na sua integração, que o mundo se desenvolve e as pessoas vão encontrando o caminho para a sua felicidade e as organizações as formas de sobrevivência.

10 – ENTREGAR MAIS/ASSUMIR MAIS RESPONSABILIDADES DO QUE O PEDIDO

Nenhuma pessoa referida neste livro foge a identificar-se com esta dimensão. Desde o início das suas carreiras que estes nossos entrevistados estavam mais preocupados em exceder do que em cumprir. Onde isso pode ser visto com mais objetividade, é nos CEO que foram vendedores no início das suas carreiras. José Joaquim Oliveira (IBM) e Carlos Barros (então ICL) são dois bons exemplos de exceder sempre o que se esperava deles. Em outros casos, como, por exemplo, Bernardo Bairrão nos seus primórdios da TVI, sempre foram mais do que o lugar para o qual os contrataram. Já para não falar de Ana Paula Moutela que esteve anos a assegurar a expansão da Inditex, exercendo, na prática, o cargo de diretora-geral sem o ser no título.

Durante o percurso de quase todas estas pessoas, percebeu-se nas entrevistas o gozo que lhes deu trabalhar. Ao contrário de muita gente que se arrasta para o trabalho às segundas-feiras de manhã, os nossos entrevistados eram pessoas que aguardavam pela segunda-feira para dar continuidade àquilo que gostavam de fazer. Alguns, como o João Costa (promovido recentemente a responsável Ibérico da Pepsico), até aproveitavam as férias para ganhar dinheiro, montando uma loja num parque de campismo.

Carlos Barros, no início do seu percurso profissional, tinha como função entregar computadores. Um dia, ao entregar o computador, percebe que o cliente tem necessidade de que este funcione rapidamente. Carlos aproveita as competências que, entretanto, desenvolvera e não só monta o computador, como faz a demonstração. Ganhou o cliente e a confiança de que estava no bom caminho.

Todas estas pessoas passaram a vida a colocar-se no limite da sua competência/desafio. Passo a explicar. Porque é que muitos de nós, após dominarmos determinada função ou técnica, deixamos de evoluir, por mais horas, dias, anos, que passemos a executar essa atividade? Porque é que o leitor, condutor normal como a generalidade das pessoas, guia hoje pouco melhor do que após um ou dois anos de tirar a carta? Porque é que, pelo facto de fazermos muitas vezes a mesma coisa, não a fazemos forçosamente melhor?

O domínio de qualquer técnica ou atividade surge após um período de aprendizagem, quer através de tentativa e erro, por exemplo, ou de estudo de determinadas matérias. O *feedback* corretivo constante leva-nos a evoluir no caminho da aprendizagem, sempre no limite da nossa capacidade. Imagine, agora, que já domina determinada atividade de acordo com o que lhe é solicitado. Repetindo-a, apenas a torna mais automática, não necessariamente melhor. Para que haja uma melhoria constante, há que ter uma prática intencional de melhoria; quer dizer, ir fazendo coisas cada vez mais difíceis e/ou diferentes no domínio dessa técnica ou atividade, com *feedback* corretivo constante. Tal como num desportista ou num músico, esse processo designa-se por treino ou, como referi no primeiro capítulo, prática intencional continuada.

Eduardo Moradas aventura-se (também) na indústria seguradora com um objetivo muito concreto de desenvolver a área comercial da Tranquilidade. Começa como responsável pela área comercial sul, reorganiza a rede de agentes, passa a diretor de exploração nacional, fica com o marketing de canais e, posteriormente, a direção de operações e recursos humanos. Sempre a inovar e no limite da competência/desafio.

Estes nossos entrevistados, tal como, de certeza, muitos outros com carreiras igualmente fantásticas, ao estarem sempre a entregar mais do que o solicitado e a assumir mais responsabilidades do que o pedido, estavam, de uma forma inconsciente, num processo de treino contínuo das suas competências de gestão. Ao saírem sistematicamente das suas áreas de conforto e responsabilidade, estavam a «treinar» situações novas, e a aprender a analisar e tomar decisões em cenários mais arrojados do que era esperado deles, havendo, como é óbvio, o *feedback* fundamental para o processo de evolução. Mais ainda, muitos dos nossos entrevistados, ao longo das suas carreiras, rodaram por variadas tipologias de funções, o que lhes foi permitindo, dada esta sua natureza inquieta, adquirir competências que as pessoas, mais reCEOas/acomodadas ao longo da vida, não alcançaram.

Vítor Neves, recém-chegado à Colep para assumir a direção de marketing, foi confrontado com um novo objetivo, duas semanas depois: «chefias a unidade com a responsabilidade de fazer o *turnaround*», disse-lhe o patrão. Encarou esta situação como uma oportunidade de evolução.

Estes dois caminhos de evolução – prática contínua de aperfeiçoamento *vs* fazer bem apenas aquilo que se espera – levam, com os anos, a pontos de chegada muito afastados, no que diz respeito a competências de gestão geral. E, chamo a atenção, isto nada tem a ver com talento, numa perspetiva inata; tem sim a ver com talento, mas numa perspetiva dinâmica, evolutiva, de desenvolvimento consistente e consciente. Um jovem universitário com um grande potencial e notas altas pode seguir um percurso a partir daí, que não o distinga de qualquer outro, à partida menos dotado. Para isso, basta que não ponha em ação um qualquer processo de desenvolvimento intencional como o aqui referido: prática de situações mais difíceis e diferentes com *feedback* corretivo permanente.

Gostaria, também, com esta breve abordagem ao desenvolvimento do talento, e retomando o tema do primeiro capítulo, destruir o mito de que há pessoas predestinadas para certos lugares ou desígnios. A nossa vida faz-se caminhando, querendo isto dizer que, de uma forma constante, vamos tomar decisões que afetam os passos seguintes dessa caminhada. Para além disso, nem todas as nossas caminhadas se processam pelos mesmos trilhos e estão sujeitas aos mesmos fatores envolventes. De novo, isso conduz-nos a mais decisões que, a cada momento, irão moldar o nosso futuro. Para além de tudo isto, e para complexificar um pouco, todos somos diferentes em termos de apetências, inteligências específicas, interesses, o que nos leva a ser seres humanos, embora essencialmente iguais, muito diferentes em termos dos trajetos que percorremos (escolhemos percorrer) e, logo, nos aspetos que o livre arbítrio – juntamente com o Eu, que se vai formando – vai determinar. Estes nossos entrevistados, com toda uma vida de experiências e escolhas, chegaram aos mais altos níveis de responsabilidade nas organizações que dirigem. Outros, como desportistas ou músicos, entusiasmados e imbuídos com a mesma vontade de progredir, tornaram-se estrelas nos seus firmamentos. Outros ainda, políticos de sucesso ou cientistas bem-sucedidos, ou juízes consagrados... e por aí fora. O que é curioso, é que normalmente consideramos pessoas de exceção nos seus campos aquelas que querem ir sempre mais além do que lhes é pedido.

«Escolhi pessoas competentes (o que foi uma boa ideia), escolhi pessoas de confiança (o que também foi uma boa ideia), mas éramos todos iguais – isto foi a má ideia. Éramos todos iguais, pensávamos todos da mesma forma e não havia complementaridade». «A cooperação é fundamental e vem da heterogeneidade e diferentes pontos de vista», refere Diogo da Silveira, quando fala das pessoas que contratou em determinado projeto.

Para quem dirige empresas, daqui podem tirar-se ensinamentos: em primeiro lugar, tentar contratar pessoas com este tipo de inquietude existencial, utilizando os primeiros anos de prática para validar essas características; em segundo lugar, criar um ambiente organizacional propício à assunção de riscos e, logo, a comportamentos empresariais; em terceiro lugar, e como já atrás referi, promover mudanças e retirar frequentemente as pessoas das suas zonas de conforto.

António Coimbra lembra o lançamento da marca Yorn como um dos momentos mais marcantes. A Vodafone continuava com uma imagem muito ligada ao segmento empresarial e criou uma verdadeira inovação, caracterizada pela modernidade e irreverência no mercado, para um público muito especial: os jovens. Hoje, a Yorn tem metade do mercado neste segmento.

É lógico que, mesmo que uma organização seja exímia a fazer o que acima referi, não será, por certo, uma fábrica de CEO. Para já, em cada momento e em cada organização, só pode haver um (pelo menos pelas convenções atuais). É certo que pode estar a produzir CEO em potência, para outras organizações do mercado que sejam menos boas a produzir os seus. No entanto, será, com certeza, uma organização de exceção com níveis de produtividade e rentabilidade muito acima da média do mercado. Para citar alguns exemplos óbvios, observem-se as principais empresas de consultadoria estratégica internacional a operar em Portugal. Não digo que seja o tipo de empresa aspiracional para todas as pessoas, é claro; digo, sim, que têm uma cultura assente nos princípios que acima enumerei (e em alguns outros, com certeza) e que pode ser replicada em qualquer tipo de organização. Talvez mesmo em países inteiros!

Luís Magalhães refere que um dos aspetos que mais o marcou estava presente na cultura da consultora por onde passou: «A Arthur Andersen tinha uma atitude vencedora como nunca vi noutra empresa. "Vamos conseguir" era o lema de todos».

Em jeito de conclusão

Depois deste trabalho e cumulativamente à experiência que tenho tido de conhecer e entrevistar centenas de pessoas bem sucedidas, reforço a minha convicção de que a nossa vida é moldada pela nossa vontade, capacidade e esforço. Deixar à mercê da sorte e do azar as explicações para o nosso êxito ou fracasso é procurar minimizar a nossa responsabilidade na qualidade da vida que temos. No entanto, posso aceitar que a sorte, por vezes, nos sorri, fazendo acontecer algo de determinante na nossa vida. Quando isso acontece, é fantástico, embora na maioria das vezes isso seja consequência de resultados de ações nossas no passado que, pela distância, não as ligamos como causa e efeito.

De uma forma simples: colhemos aquilo que semeamos.

Tenha uma boa vida.

ÍNDICE

PREFÁCIO   5
INTRODUÇÃO   7

I PARTE

Ana Paula Moutela   13
    Diretora-Geral da Zara
António Bico   19
    CEO da Zurich
José Coelho   19
    Chairman da Zurich
António Casanova   25
    CEO da Unilever / Jerónimo Martins
António Coimbra   29
    CEO da Vodafone Portugal
António Reffóios   33
    Diretor-geral da Nestlé
Bernardo Bairrão   37
    Ex-CEO da Media Capital
Carlos Barros   41
    Diretor-geral da Fujitsu Portugal
Carlos de Melo Ribeiro   45
    Administrador-delegado da Siemens Portugal
Cláudia Almeida e Silva   49
    Diretora-geral da Fnac Portugal
Diogo da Silveira   53
    CEO da Açoreana

Eduardo Moradas   57
    BES
João Costa   61
    Matutano
João Leandro   65
    Axa
Jorge Martins   69
    CEO Martifer
José Joaquim Oliveira   73
    Administrador delegado da IBM Portugal
José Serrano Gordo   77
    Ex-CEO da BP
Luís Reis   83
    Chief Corporate Centre Officer da Sonae SGPS
Luís Magalhães   87
    Senior Partner da Deloitte Portugal
Luís Salvado   91
    CEO da Novabase
Mário Barbosa   97
    Diretor-geral da McDonald's
Nuno Amado   101
    CEO do Santander
Vítor Neves   105
    CEO da Colep

II PARTE

Talento   111

Fatores de sucesso   115

    1 – Aproveitamento escolar acima da média   115
    2 – Sentido do Dever   115
    3 – Capacidade de Entrega   116
    4 – Curiosidade intelectual/Gosto por aprender   118
    5 – Capacidade para adiar o prazer   118
    6 – Empregos com exposição a quem decide   130
    7 – Conhecimento das várias áreas da organização e do negócio   135
    8 – Boa Capacidade de Liderança   140

9 – Muito competitivos consigo próprios num cenário de superação até
    ao limite   147
10 – Entregar mais/assumir mais responsabilidades do que o pedido   150

Em jeito de conclusão   155